◎湖南省社会科学基金项目（20YBA094）
◎湖南省教育厅科学研究项目（20C0536湘教通〔2020〕264号）
◎湖南省教育厅科学研究项目（20A120 湘教通〔2020〕264 号）
◎湖南省新工科研究与实践项目（湘教通〔2020〕90号-32）

虚实融合情景下的运动仿真训练效能及提升对策研究

Research on the Effectiveness of Sports Simulation Training and Improvement Strategy Under the Scenario of Virtuality and Reality Fusion

◎杨华灵　唐江婧　余绍黔　著

吉林大学出版社

·长 春·

图书在版编目（CIP）数据

虚实融合情景下的运动仿真训练效能及提升对策研究 / 杨华灵，唐江婧，余绍黔著 . —长春：吉林大学出版社，2023.5

ISBN 978-7-5768-0965-7

Ⅰ.①虚… Ⅱ.①杨… ②唐… ③余… Ⅲ.①虚拟现实－应用－运动训练－仿真系统 Ⅳ.① G808.1-39

中国版本图书馆 CIP 数据核字 (2022) 第 200066 号

书　　名	虚实融合情景下的运动仿真训练效能及提升对策研究
	XUSHI RONGHE BEIJING XIA DE YUNDONG FANGZHEN XUNLIAN XIAONENG JI TISHENG DUICE YANJIU
作　　者	杨华灵　唐江婧　余绍黔　著
策划编辑	李承章
责任编辑	付晶淼
责任校对	王　洋
装帧设计	朗宁文化
出版发行	吉林大学出版社
社　　址	长春市人民大街 4059 号
邮政编码	130021
发行电话	0431-89580028/29/21
网　　址	http://www.jlup.com.cn
电子邮箱	jdcbs@jlu.edu.cn
印　　刷	湖南省众鑫印务有限公司
开　　本	710mm×1000mm　1/16
印　　张	13
字　　数	200 千字
版　　次	2023 年 5 月　第 1 版
印　　次	2023 年 5 月　第 1 次
书　　号	ISBN 978-7-5768-0965-7
定　　价	88.00 元

版权所有　翻印必究

杨华灵 女，湖南工商大学体育与健康学院副教授，体育大数据协同创新中心骨干成员。长期在高校一线从事体育教学及科研工作，近年来着重开展全民健身和体育运动项目训练的教学应用研究。主持或完成了教育部人文社科规划基金、湖南省自然科学基金、湖南省社会科学基金和湖南省教学改革研究项目等近10项，出版专著1部。

唐江婧 女，现就读于湖南工商大学前沿交叉学院，硕士研究生，本科毕业于扬州大学电子商务专业，主要研究方向为虚拟现实与人类行为分析。参与国家社会科学基金项目1项，湖南省教育厅科学研究项目1项。

余绍黔 湖南工商大学计算机学院教授、新零售虚拟现实技术湖南省重点实验室主任，物联网与网络空间安全研究院院长。信息管理与信息系统国家一流专业建设点责任人。近年来，承担科技部重大攻关项目研究2项，主持或完成国家社科基金项目2项，主持并完成教育部人文社科基金、湖南省自然科学基金、湖南省科技计划、湖南省社会科学基金等科研课题10余项。公开发表论文20余篇，出版专著3部。

前　言

随着数字技术的快速发展，虚拟现实技术等新科技已经渗入到人们生活的各个角落。近年来，虚拟现实技术已经应用在以跳水、蹦床为代表的运动项目中，也取得了令人瞩目训练效果，并且正在向体操、滑雪、高尔夫球、举重、篮球等领域进军，有望打破一直以来完全依赖物理器械的体育训练传统，显著降低运动伤害，提升运动训练效率。当前运动健身和数字体育交相辉映，引领着体育运动的发展与创新，逐步形成了一个由新技术（大数据、人工智能、虚拟现实技术）驱动的发展新趋势。运动健身与虚拟现实技术的紧密结合，使得虚拟现实技术在运动健身中发挥出举足轻重的作用，其应用前景非常广阔。

全民健身活动是我国居民获得幸福感的重要途径，也是健康中国建设的重要内容。习近平总书记在党的十九大报告中指出："人民健康是民族昌盛和国家富强的重要标志。要完善国民健康政策，为人民群众提供全方位全周期健康服务"。[①]2021年8月3日，国务院印发了《全民健身计划（2021－2025年）》，进一步促进了全民健身向更高水平发展，实现更好地满足人民群众健身和健康需求的目标。

近年来，智慧健身设备广泛流行，改变了传统运动健身模式，让健身运动更加科学、高效、便捷和有趣。随着虚拟现实、人工智能和5G等技术的进步和成熟，虚实融合运动健身项目的应用越来越普遍，已经成为健身运动发展的新方向。因此，应当大力宣传虚实融合健身项目，并且鼓励广大人民群众积极

[①] 汪晓东，张炜，赵梦阳.为中华民族伟大复兴打下坚实健康基础：习近平总书记关于健康中国重要论述综述 [EB/OL].（2021-08-07）[2022-10-28].http://www.gov.cn/xinwen/2021-08/07/content_5629998.htm.

参与进来，提高大家对虚实融合锻炼的了解程度和参与度，推动群众科学运动方案的制定和实行，提高我国运动健身的发展水平和参与率。

当前，我国虚实融合的健身运动模式还处在起步阶段，虽然发展迅速，但也出现了许多制约其发展的新问题。首先，对新模式的宣传和引导不足，群众对其没有全面的认识，参与的意愿和态度还未完全明确。其次，运动项目的内容设计同质化，用户缺乏科学的指导和个性化体验。第三，政府对新模式的监管亟须加强，健身资源和环境缺乏合理的规划和配置。第四，虚实融合的运动健身科学化水平较低，互联网新技术和智能化设备普及率有待提高。

在这样的背景下，本书聚焦全民健身公共服务领域，以提升全民健身运动的积极性与主动性为导向，运用信息技术方法，以虚拟现实技术和网络健身直播在运动健身训练中的应用研究为突破口，围绕虚拟现实技术及其在运动健身训练中的应用、虚拟社区与网络健身活动的发展、网络直播与运动健身项目训练、网络健身运动训练的管理等四个研究方向，开展相关技术创新和科学研究，为虚实融合训练在运动健身中的应用提供理论依据和技术支撑。本书的突出特点是采用大数据全景式智能决策与分析和结构方程建模等方法，通过历史数据拟合建立满意度效果和供给匹配度评价模型，重点对不同健身形式对感知价值的影响、沉浸体验对人们运动情绪唤醒和行为的影响、转换成本对健身直播用户忠诚之间的影响、虚实融合训练效果评测模型等科学问题开展研究，致力于提升全民健身公共服务的精准化供给效果。

全书共十章，内容安排如下：第一章介绍了全书的研究背景、研究意义和国内外研究现状，明确了虚拟品牌社区中健身形式对用户忠诚度的影响、网络健身沉浸体验对唤醒人们运动的情绪和行为的影响、健身直播线下转换成本与线上用户忠诚度的关系、运动健身项目虚实融合训练效果影响因素及评价方法等研究内容，确立了因素分析—刺激感知—行为触发—效果评估的基本研究思路，制定了基于多元统计分析法、VR情景实验法、数据挖掘与分析技术和在线问卷调查技术的研究方法。第二章主要介绍了相关研究理论与方法，分别详细阐述了感知价值理论、沉浸理论、转换成本理论和刺激-机体-反应(

· 前　言 ·

stimulus-organism-response) 模型的内涵，以及它们在体育运动和网络健身中的应用和研究情况。第三章主要探讨了虚拟品牌社区中健身形式对用户忠诚度的影响。第四章主要讨论了网络健身沉浸体验对唤醒人们运动的情绪和行为的影响。第五章主要进行了健身直播线下转换成本与线上用户忠诚的关系研究。第六章主要进行了网络健身的管理问题及对策研究。第七章主要探究了运动健身项目虚实融合训练效果影响因素及评价方法。第八章在总结和梳理现有文献的基础上，分析了一个适用于体育运动以及和运动相关的体育锻炼的交互式虚拟现实模型。第九章主要介绍了虚拟现实技术在体育训练中的应用，对虚拟现实在篮球、橄榄球、空手道和滑雪等项目的训练中的研究。

　　在本书撰写过程中，得到了余绍黔教授、周新民教授等的大力支持。谭磊博士、吴倩同志和部分研究生参与了本书撰写和科研工作，在此表示由衷的谢意。同时也参考了吉首大学体育学院研究团队的成果和应用实践案例，在此，笔者表示衷心感谢。由于笔者水平有限，书中难免存在不妥或者错误之处，敬请各位专家、读者不吝赐教，笔者再次表示诚挚感谢！

杨华灵
2022年8月25日

目　　录

第1章　绪论：从传统的运动训练到虚实融合的数字体育 …………… 1

1.1　虚实融合运动训练的研究现状 ………………………………… 1
1.1.1　虚实融合运动训练的研究背景 ………………………… 1
1.1.2　虚实融合运动训练的研究意义 ……………………… 12

1.2　虚实融合运动训练的国内外研究现状 ………………………… 13
1.2.1　VR运动仿真训练的研究 ……………………………… 13
1.2.2　虚拟现实技术在运动健身项目训练中的应用研究 …… 15
1.2.3　虚拟社区对运动健身活动的影响研究 ………………… 16
1.2.4　线上线下运动健身训练项目管理研究 ………………… 19
1.2.5　线上线下运动健身项目虚实融合训练效果评测 ……… 21

1.3　虚实融合运动训练的研究内容 ………………………………… 24
1.3.1　虚拟品牌社区中健身形式对用户忠诚度的影响 ……… 24
1.3.2　网络健身沉浸体验对唤醒人们运动的情绪和行为的影响 … 24
1.3.3　健身直播线下转换成本与线上用户忠诚的关系研究 … 25
1.3.4　网络健身管理中的问题研究 …………………………… 26
1.3.5　运动健身项目虚实融合训练效果影响因素及评价方法 … 27

1.4　虚实融合运动训练的研究思路及方法 ………………………… 28
1.4.1　研究思路 ………………………………………………… 28
1.4.2　研究方法 ………………………………………………… 28

第2章　理论基础 ……………………………………………………… 31

2.1　感知价值理论 …………………………………………………… 31

  2.1.1 感知价值的概念 ··· 31
  2.1.2 体育领域中的感知价值研究 ··· 34
  2.1.3 在网络健身领域中的研究 ··· 42
 2.2 沉浸理论 ·· 44
  2.2.1 沉浸理论的概念 ··· 44
  2.2.2 在体育领域中的研究 ··· 45
  2.2.3 在网络健身领域中的研究 ··· 46
 2.3 转换成本理论 ··· 48
  2.3.1 概念 ··· 48
  2.3.2 在体育领域中的研究 ··· 49
  2.3.3 在网络健身领域中的研究 ··· 50
 2.4 SOR 模型 ·· 51
  2.4.1 概念 ··· 51
  2.4.2 在体育领域中的研究 ··· 53
  2.4.3 在网络健身领域中的研究 ··· 55

第3章 虚拟品牌社区中健身形式对用户忠诚度的影响 ·························· 57

 3.1 研究背景 ·· 57
  3.1.1 问题的提出 ··· 58
  3.1.2 文献回顾 ··· 58
 3.2 概念模型与研究假设 ··· 68
  3.2.1 概念模型 ··· 68
  3.2.2 研究假设 ··· 68
 3.3 研究一：三种健身形式对感知价值的影响差异实验 ················· 72
  3.3.1 研究方法 ··· 72
  3.3.2 研究过程 ··· 72
  3.3.3 实验结果 ··· 75

目　录

  3.3.4　实验结论 ·· 75
3.4　研究二：结构方程模型作用路径的检验 ··· 76
  3.4.1　实验程序与测量 ·· 76
  3.4.2　健身形式对感知价值的影响 ··· 77
  3.4.3　感知价值对用户忠诚度的影响 ··· 79
  3.4.4　涉入度的调节效应分析 ·· 81
3.5　研究结论与建议 ··· 82
  3.5.1　研究结论 ·· 82
  3.5.2　管理启示 ·· 83
  3.5.3　研究不足与展望 ··· 84

第4章　网络健身沉浸体验对唤醒人们运动的情绪和行为的影响 ···············85

4.1　研究背景 ··· 85
  4.1.1　问题的提出 ··· 87
  4.1.2　文献回顾 ·· 87
4.2　概念模型与研究假设 ··· 91
  4.2.1　概念模型 ·· 91
  4.2.2　研究假设 ·· 91
4.3　模型的检验与效度分析 ··· 95
  4.3.1　量表设计 ·· 95
  4.3.2　数据收集 ·· 95
  4.3.3　探索性因子和相关分析 ·· 96
4.4　结构方程模型与实证结果分析 ··· 97
  4.4.1　结构方程模型与估计方法 ·· 97
  4.4.2　结构方程模型的结果分析 ·· 98
  4.4.3　结构方程模型的敏感性分析 ·· 100
4.5　研究结论与建议 ··· 101

- 4.5.1 研究结论 …… 101
- 4.5.2 管理启示 …… 102
- 4.5.3 研究不足与展望 …… 103

第5章 健身直播线下转换成本与线上用户忠诚的关系研究 …… 105

5.1 研究背景 …… 105
- 5.1.1 问题的提出 …… 105
- 5.1.2 文献回顾 …… 107

5.2 研究假设与概念模型 …… 108
- 5.2.1 研究假设 …… 108
- 5.2.2 概念模型 …… 111

5.3 模型的检验与效度分析 …… 111
- 5.3.1 问卷设计 …… 111
- 5.3.2 数据收集 …… 112
- 5.3.3 变量测量 …… 112

5.4 实证结果分析 …… 114
- 5.4.1 描述性统计与相关分析 …… 114
- 5.4.2 共同方法偏差检验 …… 115
- 5.4.3 信度和效度检验 …… 115
- 5.4.4 调节效应检验 …… 116

5.5 研究结论与建议 …… 119
- 5.5.1 研究结论 …… 119
- 5.5.2 管理启示 …… 119
- 5.5.3 研究不足与展望 …… 120

第6章 网络健身的管理问题及对策研究 …… 121

6.1 网络健身概述 …… 121

6.1.1　网络健身的概念 …………………………………………… 121
　　　6.1.2　网络健身的类型 …………………………………………… 123
6.2　网络健身的现状与发展趋势 ……………………………………… 124
　　　6.2.1　网络健身的现状 …………………………………………… 124
　　　6.2.2　网络健身的发展趋势 ……………………………………… 126
6.3　网络健身行业的管理问题及解决机制 …………………………… 128
　　　6.3.1　网络健身管理中存在的问题 ……………………………… 128
　　　6.3.2　网络健身行业问题产生的原因 …………………………… 130
　　　6.3.3　网络健身管理制度的建立 ………………………………… 131
　　　6.3.4　网络健身管理的法律责任 ………………………………… 132
　　　6.3.5　制定未成年人保护的法律规划 …………………………… 133
6.4　对网络健身行业管理制度的建议 ………………………………… 134
　　　6.4.1　完善相关管理制度 ………………………………………… 134
　　　6.4.2　明确直播平台与从业者的法律地位 ……………………… 135
　　　6.4.3　加强对网络健身从业者的法制教育 ……………………… 136
　　　6.4.4　完善行业自律机制 ………………………………………… 136
　　　6.4.5　政策支持 …………………………………………………… 137
　　　6.4.6　人才保障 …………………………………………………… 138
　　　6.4.7　科技支撑 …………………………………………………… 138

第7章　运动健身项目虚实融合训练效果影响因素及评价方法 ……… 139
7.1　研究背景 …………………………………………………………… 139
　　　7.1.1　问题的提出 ………………………………………………… 139
　　　7.1.2　文献回顾 …………………………………………………… 140
7.2　虚实融合训练效果评测模型与研究假设 ………………………… 146
　　　7.2.1　虚实融合训练效果的影响因素选取 ……………………… 146
　　　7.2.2　研究假设与分析 …………………………………………… 147

7.3 量表设计与数据采集 ····· 149
7.2.3 虚实融合训练效果的评测模型构建 ····· 149
7.3.1 研究思路 ····· 149
7.3.2 问卷设计 ····· 149
7.3.3 量表设计 ····· 150

7.4 实证结果分析与模型的检验 ····· 152
7.4.1 描述性统计与相关分析 ····· 152
7.4.2 验证性因子分析 ····· 152
7.4.3 信度和效度检验 ····· 153
7.4.4 模型的检验与分析 ····· 154

7.5 研究结论与建议 ····· 155
7.5.1 研究结论 ····· 155
7.5.2 管理启示 ····· 157
7.5.3 研究的不足与展望 ····· 158

第8章 体育运动中的虚拟现实系统概念模型 ····· 159
8.1 体育运动中的虚拟现实的定义 ····· 159
8.2 虚拟现实应用于体育运动的概念框架 ····· 161
8.3 虚拟现实系统 ····· 163
8.3.1 虚拟现实环境和运动任务 ····· 163
8.3.2 用户（运动员） ····· 166
8.3.3 非 VR 环境 ····· 167
8.4 总结和展望 ····· 167

第9章 虚拟现实在体育训练中的应用 ····· 169
9.1 虚拟现实提升篮球运动中的决策技能 ····· 169
9.1.1 研究方法 ····· 170

目 录

  9.1.2 实验结果 …………………………………………… 171
  9.1.3 结论 ………………………………………………… 171
9.2 虚拟现实训练改善空手道运动员的反应行为 ……………… 172
  9.2.1 实验过程 …………………………………………… 173
  9.2.2 数据分析 …………………………………………… 174
  9.2.3 结论 ………………………………………………… 177
9.3 虚拟现实技术提升运动员的意象技能和运动表现 ………… 177
  9.3.1 实验方案 …………………………………………… 178
  9.3.2 训练过程 …………………………………………… 179
  9.3.3 实验结果 …………………………………………… 180
  9.3.4 结论 ………………………………………………… 181
9.4 虚拟现实技术在滑雪运动中的应用 ………………………… 182
  9.4.1 模拟器的实现 ……………………………………… 183
  9.4.2 应用情况 …………………………………………… 184
9.5 虚拟现实技术提升美式橄榄球训练效果 …………………… 184
  9.5.1 美式橄榄球与虚拟现实训练 ……………………… 184
  9.5.2 系统介绍 …………………………………………… 185
  9.5.3 用户评测 …………………………………………… 188
  9.5.4 总结 ………………………………………………… 190

第10章 后记 ………………………………………………………… 191

第1章 绪论：从传统的运动训练到虚实融合的数字体育

1.1 虚实融合运动训练的研究现状

1.1.1 虚实融合运动训练的研究背景

1.1.1.1 全民健身运动与健康中国

全民健身运动是我国居民获得幸福感的重要途径，也是健康中国建设的"新标签"。全民健身是指全国人民，不分男女老少，以增强柔韧性、耐力、协调性为目的提高身体控制性以及各部分能力的健身运动。一人健康是立身之本，人民健康是立国之基。习近平同志在2017年10月18日党的十九大报告中提出"健康中国"的发展战略，指出："人民健康是民族昌盛和国家富强的重要标志，要完善国民健康政策，为人民群众提供全方位全周期健康服务"。[1] 国务院于2021年8月3日依据《全民健身条例》制订的计划，印发了《全民健身计划（2021—2025年）》，以促进全民健身向更高水平发展，更好地满足人民群众的健身和健康需求。

习近平总书记指出，要把人民健康放在优先发展的战略地位，以普及健康生活、优化健康服务、完善健康保障、建设健康环境、发展健康产业为重点，加快推进健康中国建设，努力做到全方位、全周期地保障人民健康。[2] 健康中国所代表的不仅仅是人民身体健康，更重要的是健康身体、健康环境、健康经

---

[1] 人民网-理论频道.健康中国战略[EB/OL].（2018-08-23）[2023-2-11].http://theory.people.com.cn/GB/n1/2018/0823/c413700-30246291.html.

[2] 杨彦帆，常钦，黄超，等.把保障人民健康放在优先发展的战略位置（新征程·全心全意为人民服务）[N].人民日报，2022-10-21（7）.

济、健康社会在内的四位一体的全民"大健康"和服务于全体人民（男女老少和各民族）、服务于人的生命全周期（婴幼儿到老年）、服务于健康全过程（健康、亚健康、疾病、康复、强壮、健美）的"全面健康"。"大健康"和"全面健康"是一种全面、系统、科学的健康观，这是对过度依赖和使用科技手段干预人类健康模式的深刻反思，同时也符合健康干预的系统化模式，完全顺应和引领时代发展的潮流和趋势。建设健康的中国不仅事关民生，也是重大的社会政治问题。党的十八大以来，国家出台了一系列全面深化改革的措施和与人民群众切身利益密切相关的改革文件和政策，其中包含许多促进健康中国的发展策略。健康是促进人的全面发展的必然要求，是经济社会发展的基本条件，是国家富强和民族富强的重要标志，是广大人民群众的共同追求。各级党委和政府要把这一重大群众工程摆上重要议事日程，强化责任，抓紧落实。因此，要从中国共产党"以人民为中心"的执政理念和为实现"两个一百年"奋斗目标，实现中华民族伟大复兴的中国梦的政治高度、政治责任，充分认识健康中国建设的重大意义。

　　实施健康中国的国家战略，不仅关系到我国的民生建设，而且对提高我国的综合国力和经济社会发展具有重要意义。全民健身是建设健康中国的战略基础、前端和有力支撑，是全民健身、幸福生活的基本保证。全面健康服务于全民、全生命周期和健康全过程。我们要充分发挥体育在促进健康方面的独特优势，促进全民健身与全民健康的深度融合，把观念放在首位，实现全民健身向全民健康的认知飞跃；深化改革，探索有利于全民健身与国民健康深度融合的体制机制；找准定位，精准推进全民健身与国民健康深度融合；实施一系列项目，促进全民健身与国民健康深度融合。

　　当今社会，经济、政治、文化高速发展，拥有一个健康的体魄对人的成长进步具有重要的意义。以广大人民群众日益增长的体育健康文化需求为出发点，中央颁布了《全民健身纲要》，旨在增强全民体质，深入贯彻全民终身体育的理念，营造全民健身的浓厚氛围。在过去很长时间里，党和国家号召广大群众从健身出发，加强体质健康，引导各大体校搞好体育教育，促进全民参与健身活动的开展。每年8月8日被国家定为全民健身日，倡导健身在全国的推广，并且颁布实施了《全民健身计划纲要》。全民健身的目标是全面提高中华民族的体质和健康水平，努力实现体育与国民经济和社会事业的协调发展，基本建成有中国特色的全民健身体系。预计到21世纪末，在经济、体育发展程度有差异的地区，经常参加体育活动的人数将增加，人民的体质将显著提高。

1.1.1.2 虚拟现实技术及其在运动健身训练中的应用

虚拟现实（virtual reality，VR）技术，简单地说，就是利用生活中事物的数据，通过计算机转换为各种电子信息，再结合各种输出设备转化为人们能够感受到的现象，创造一个由计算机仿真出来的虚拟世界，让用户沉浸到该环境中。这些创建出来的现象可以是通过三维模型表现出来的、肉眼看不见的物质，也可以是真真切切的物体。因为这些现象不是我们直接能看到的，而是通过计算机技术模拟出来的现实中的世界，故称为虚拟现实。

虚拟现实技术分为虚拟技术和现实技术。虚拟技术主要是利用计算机技术模拟产生出一个三维空间的世界，提供给使用者视觉、听觉、触觉等感官的模拟，使其产生一种身临其境的感觉，在这个空间里使用者可以任意观察空间里的事物。虚拟技术的前身其实是对自然界中的事物的一种模拟交互技术，比如古代就有模仿鸟类飞行而出现的风筝，这是对自然界的模拟然后再对其进行分析并运用。而虚拟技术于1968年由美国计算机图形学先驱 Ivan Sutherland 和他在哈佛大学和犹他大学的学生创建，当时的主要内容是使用透视图呈现3D图形。

现实技术又叫作增强现实技术，其允许将计算机生成的图形叠加到用户对真实世界的视图上，从而形成了增强现实技术。增强现实技术可以增强我们的感知能力，帮助我们以新的、丰富的方式看到、听到和感受我们的环境。20世纪七八十年代，美国空军阿姆斯特朗实验室、美国宇航局艾姆斯研究中心、麻省理工学院和北卡罗来纳大学教堂山分校的一小群研究人员对增强现实技术进行了研究。这为20世纪90年代的可穿戴计算铺平了道路，使得当时个人电脑变得很小，可以随时佩戴。早期的掌上电脑包括 Psion I（1984）、Apple Newton MessagePad（1993）和 Palm Pilot（1996）都有增强现实技术的运用。但是直到20世纪90年代初，"增强现实"这个术语才被 Caudell 和 Mizell 提出。如今，已经存在许多可能支持增强现实的移动平台，如个人数字助理（PDA）、平板电脑和移动电话等。

虚拟现实因其拥有的特性，能够在虚拟的环境中完成我们在现实的物理世界中无法完成的事情，解决各方面的难题，所以在我们现代生活和研究中有着十分广泛的应用。虚拟现实在帮助解决医学困难方面有着很重要的作用，如使用虚拟现实技术模拟内镜手术环境来进行训练，提高真实手术时的成功率。[1] 利用三维虚拟现实场景下内窥镜手术仿真中的碰撞检测、软组织形变、切割和缝和线打结等关键算法，将外科手术模拟器和计算机技术结合在一起，从而达到在虚拟场景内训练的效果。虚拟仿真手术是通过视觉、听觉和触觉等方式，构造人体器官的模型，仿真人体器官在各种器械的作用下产生的各种动作和反应，展现手术的真实效果。虚拟现实在其他方面也有着重要的应用，在神经学方面，基于生物电信号的人机交互技术[2]可以采集到人体生物电信号通过算法识别直接转化为计算机的控制命令，无须手脚的参与，这种技术可以作为残疾人生活的一种有效的辅助工具。其通过信号采集、特征提取、算法识别，最终进行决策来实现通过人的生物电信号来控制、命令机器的目的。在教育学方面，有基于运动捕捉技术的虚拟现实舞蹈训练系统。[3] 该系统的体系结构包括四个部分：三维图形、运动匹配、运动数据库和运动捕捉系统。用户只需穿上运动捕捉服，跟随虚拟教师的动作，就可以进一步获得如何改进动作的反馈。运动捕捉系统能够采集足够的数据，有助于评价学习者与虚拟教师之间的差异。除

---

[1] 郁松.3D虚拟现实内镜手术仿真关键技术研究[D].长沙：中南大学，2011.

[2] BOHIL C, ALICEA B, BIOCCA F. Virtual reality in neuroscience research and therapy[J]. Nature reviews, Neuroscience, 2011, 12(12): 752-762.

[3] CHAN J C P, LEUNG H, TANG J K T, et al. A virtual reality dance training system using motion capture technology[J]. IEEE Transactions On Learning Technologies, 2011, 4(2): 187-195.

了以上提到的应用之外，虚拟现实还在军事、教育、医学等方面有广泛的应用空间，如通过无线增强虚拟现实，基于虚拟现实技术的飞行模拟器等。随着技术的发展，虚拟现实将更好地为人们提供服务，解决现实物理世界难以解决的问题。

随着科技的发展，虚拟现实技术作为一项新兴技术，已经越来越多地出现在了我们的生活中，在各个领域发挥着越来越重要的作用。其借助计算机的软件和硬件创建出的虚拟世界是对真实世界的模拟，动态产生的环境能对用户的语言命令、姿态动作等方面做出实时响应，从而形成人与虚拟世界的交流。虚拟现实技术拥有沉浸感、交互性和可视化的特性，能够在虚拟的环境中完成我们在现实的物理世界中无法完成的事情，解决各方面的难题。早期虚拟现实设备存在着体积大、操作困难、建造和运行成本高等缺点，大大降低了人们的使用热情，同时还会产生一些负面评价，这些负面评价可能会减缓对虚拟现实的采用。尽管如此，研究人员在使虚拟现实硬件和软件在尺寸和外观方面更可靠、更具成本效益和更可接受方面仍然取得了稳步进展。但是，先进的虚拟现实系统的成本仍然相对较高，这是制约虚拟现实设备发展的一个主要问题。未来的虚拟现实设备会朝着减小体积、降低操作难度及成本的方向发展，使越来越多的人能够以较小的代价体会到虚拟现实技术带给我们的便利。

近年来，虚拟现实技术已经在以跳水、蹦床等为首的体育项目领域取得了长足的进展，正在向体操、高尔夫球、滑雪、举重、篮球等领域进军，有望在这些领域打破一直以来依赖物理器械的规律，将运动员的日常训练与虚拟现实相结合。虚拟现实在运动员日常训练的领域应用十分广泛：以蹦床为例，为了高精度地捕捉运动员训练的各项人体数据，中国科学研究院计算机研究所建立了运动技术数据库，在场馆内的不同方位安装了专用于运动检测的摄像头共12个，并在蹦床运动员的身上多个特定部位安装了标记点共20个，建立了一个标准技术动作库用来对照技术动作，利用以上设备进行有源数据跟踪，在运动员完成训练动作时，记录蹦床运动的速度、位置、力量等参数，通过对照标准数据库发现运动员训练动作的缺陷，总结出蹦床运动的规律；教练员也可以根据各项评价标准以及所建立的数据库研究出新的动作，并通过虚拟现实技术不断进行改造和完善，然后就可以利用计算机技术来进行模拟和仿真，辅助训练。借助该系统可实现运动员从以往接受比较抽象的教练员口述训练指导，变为以图形方式展示的技术动作形象的模拟演示指导以及相关动作的量化分析。运动员就可以通过整个系统更方便、快捷地掌握动作要领，在训练中该系统还可以将运动员整套训练动作与根据教练员的意愿编排出来的标准模拟动作在计算机显示屏上同步叠加对比，直观地展示出动作差异，帮助运动员找出技术缺点并制订改进技术方案，达到大幅度提高运动员整体运动技能水平的目的。因此，虚拟现实技术在竞技体育的发展中起着举足轻重的作用，这充分证明了虚拟现实技术在运动健身训练中的广阔前景。

1.1.1.3 虚拟社区与网络健身活动的发展

虚拟社区（virtual community）也称为在线社区（online community）或电子社区（electronic community）。虚拟社区作为在虚拟世界中的"社区"，其为具有相同爱好、经历或类似专业业务的网络用户提供了一个聚会场所，方便他们相互交流和分享经验。最早，虚拟社区的定义是由瑞格尔德（Rheingold）提出的，他把虚拟社区定义为"通过计算机网络相互交流的一群人。他们在一定程度上相互了解，在一定程度上共享知识和信息，并在很大程度上像朋友一样相互关心"。除此之外，还有一个由即将到来的人工智能时代带来的虚拟角色组成的社区，如仿生人和社会关系他们形成的关系，也可以称为虚拟社区。

社区是指进行一定社会活动、具有一定互动关系和共同文化维持的人类群体及其活动区域。虚拟社区又称 BBS（bulletin board system）或者论坛，1978年，在芝加哥的计算机交流会议上，克丽森和罗斯·莱恩一见钟情，他们经常在各个方面进行合作。然而芝加哥的冬季极差的天气使他们无法每天见面，而且这两个人住处相隔甚远，只能用电话进行沟通，但是电话只能用语言交流，有些问题很难表达清楚。因此，在当时刚刚推出的调制解调器的帮助下，他们通过电话线将家中的两台 Apple II 连接起来，实现了世界上第一个 BBS。这就是原始BBS的原型。近年来，随着互联网技术的飞速发展，BBS的功能不断扩展，BBS迅速成为世界各地计算机用户交流信息的虚拟社区。从社会学的角度来看，它是指互联网用户在电子网络空间中频繁的社会互动所形成的具有文化身份的社区及其活动场所。

与真实社区一样，虚拟社区也包括某些地方、某些人、相应的组织及社区成员的参与，以及一些相同的兴趣、文化等特征。最重要的一点是，虚拟社区与真实社区一样，提供了各种信息交换手段，如讨论、交流、聊天等，使社区居民能够进行互动。然而，它有自己独特的属性。与互联网相比，虚拟社区有着更长的历史。最早的虚拟社区是随着BBS的出现而形成的。在为顾客创造和传递价值的活动中，社区是重要的内容之一。它与协调（coordination）、商务（commerce）、内容（content）和沟通（communication）一起被称为"5C"。

随着全民健身战略的提出以及互联网+体育的深度融合，基于移动互联网的运动健身应用程序（App）不断涌现，开始呈现出井喷发展的态势，极大地丰富了群众对于健身方式的选择，也推动了我国运动健身产业的发展。如Keep的注册用户量就超过1亿，其功能主要集中于线上健身课程、运动监测记录、健身社交和运动商城等，该应用程序能成为社会风尚的原因是：第一，我国政府部门颁布的鼓励全民健身的法律和文件使体育产业迎来了新的发展契机，这些政策和文件作为一种传播符号，能够迅速地被人们理解感知，鼓励了人们健身锻炼的热情，促进了利益相关者对于移动运动健身App的开发和投资；第二，得益于其丰富的社交媒体化功能，用户在移动健身App的社群中可以以共同目的完成训练，网络虚拟社区成了用户彼此认同的载体，而这种认同反过来又加强了彼此之间的联系，从而增加了用户的产品黏性，甚至会更近一步增进群体认同与社会认同。Keep的用户可以在运动结束之后在其他平台发布Keep健身相关的内容，这是用户自我呈现方式的一种，此举可以帮助巩固人际关系，也能够吸引有相同运动兴趣的潜在用户。

自2015年之后，移动健身社群呈现爆发式增长，这是多种因素共同影响的结果，这些因素可分为三个层面：技术层面、社会层面和个人层面。

在技术层面，随着移动互联网技术的深入发展，Wi-Fi 和4G 网络的普及，蓝牙传感和 GPS 定位系统技术的升级，可穿戴智能设备的应用和推广，智能手机实现了对身体数据的记录。只要携带手机或可穿戴智能设备，用户的运动和健身数据就可以立即导入应用程序。此外，Moby bike 等智能自行车的普及也为移动健身社区的发展提供了更多的发展可能性。

从社会角度来说，中国目前的健身市场存在很多问题。人均健身场所严重短缺，健身器材数量有限，服务质量参差不齐，健身市场信息不对称，健身从业人员与健身教练、健身房之间的信息不畅通，不能满足当前快速增长的健身需求；此外，众多明星秀健身成果也为移动健身社区的发展做出了贡献。

在个体层面，马斯洛的需求层次将人们的需求分为生存需求、安全需求、归属感和爱需求、自尊和自我实现。随着人均 GDP 的增长，国民生活水平显著提高，需求也呈现多元化，公众的需求越来越倾向于精神和情感需求。从本质上讲，健身是一个自我实现的过程，是一种追求更好的自我行为。因此，越来越多的人选择加入健身队伍。

1.1.1.4 网络直播与运动健身项目训练

"网络广播"大致分为两类：一是在互联网上提供电视信号观看，如各种体育比赛和文艺活动的直播，这种直播的原理是采集电视（模拟）信号，将其转换成数字信号，输入计算机，并实时上传到网站上观看，相当于"网络电视"；另一种称为"网络直播"，在现场设置独立的信号采集设备（音频+视频），导入引导端（引导设备或平台），通过网络上传到服务器，发布到网站上查看。

网络直播吸收并延续了互联网的优势，通过视频进行在线直播，可在互联网上发布产品展示、相关会议、背景介绍、方案评估、在线调查、对话访谈、在线培训等内容。它利用互联网直观快捷、表达形式好、内容丰富、交互性强、地域无限、受众可分割等特点，强化活动网站的推广效果。直播完成后，还可以随时继续为读者提供回放和点播，有效延长直播的时间和空间，充分发挥直播内容的最大价值。"网播"最大的优势是直播的自主性，独立可控的音视频

第1章 绪论：从传统的运动训练到虚实融合的数字体育

采集与电视信号的单一观看完全不同（而且观看效果不如电视观看流畅），可用于公众会议、公开听证会、法庭审判、公务员考试培训、产品发布、企业年会、行业年会、展览等电视媒体难以实现的直播。

随着社会和技术的进步，人们身体的感受器被充分激发，感受阈值不断提升。这反作用于产品本身的表现即是，人们越来越需要被"即时满足"。同时，信息传递本是个往返交互的过程，企业端不再满足于被动等待用户来认知，亟须流量变现。

基于此，"直播+"应运而生，其既满足了用户的参与感和即时反馈，也为商业资本变现提供了更多可能。对于商家而言，从原来被动等着用户来认知消费，变为了双向互动式的情绪消费，特别是泛娱乐直播。直播的本质是互动式的情绪和注意力消费，具有互动性、时效性等特点，这正好满足了用户"参与感、即时性"的心理诉求。

在运动方面，用户分层及心理诉求差异同样明显。大部分新手，刚开始是不会感受到运动的快乐的，他们可能因为短期内看不到效果和反馈，在尝试后就迅速放弃；而一部分有经验的运动爱好者，因感受到身体变化和正向作用，可以长期坚持，乐此不疲。在互联网产品方面，其现有产品一直没有很好地满足用户"即时反馈"的诉求，用户往往无法在运动过程中获得正向反馈与陪伴。加之，2019年以来的新冠疫情阻碍了人们正常出门运动。因此，"健身+直播"的家庭运动方式应运而生。

人们之所以喜欢去健身房，主要是因为健身房有专业指导、有监督、有同伴。这反映了在运动健身方面，人们"安全感、参与感与陪伴"这一系列心理诉求。"健身+直播"恰恰提供了"教练、同伴和即时反馈"，满足了他们的"参与感与陪伴"，但无法满足"安全感"（无法真正监督和防止损伤）。值得我们注意的是，相比于"录播"和"图文"等备选学习方案，直播往往会损失"时间自由度"和"方便性"。所以，这对于一些时间不固定和碎片化的青年白领而言，直播可能不会作为他们长期学习锻炼的首选，而只是作为补充和体验。

另外，直播健身还受到一系列场景和技术的限制。首先，是物理及技术上的限制。目前5G尚未普及，手机很难确保流畅性和细节清晰度。假如我们把自己放到健身直播场景的用户视角：设想一下，你在4G的环境中，跟着健身主播学习运动，这时候他突然掉线，运动到一半你会多么崩溃。而如果你在2G/3G的环境中，此时的网络其实是很难支持直播的，你可能根本看不清楚教练的动作，而且还可能出现网络信号不稳定、断线、网络故障，这都会让你感到焦虑。除了网络之外，硬件屏幕尺寸大小，其实也直接限制了观看直径和细节。可以说，通信技术和硬件的限制，直接决定了直播的扩展性以及参与人数的上限。其次，是互动过程中的"情绪场"。手机屏幕很难营造健身房那种沉浸式的氛围。例如，健身房动感单车的团课，有节奏感的音乐、闪烁的激光、周围人的挥汗如雨，还有教练的激情喊麦，可以让人一下子就沉浸其中。而大多数手机容易达成的往往只是部分视觉沉浸，当涉及更多感官调动时，手机交互的局限性就体现出来了。这就像去4D电影院看电影，和在手机上看电影时的差别。

直播本身是一个特别重运营的产品，就像电商直播，用户消费一部分是奔着内容或产品，一部分是奔着主播，健身运动亦然。这要求主播在健身运动、直播方面都有丰富的经验，了解用户心理才能更好地正向互动和反馈。直播健身这样的生产形式，其内容数量取决于教练数量，不同于录课，无法进行内容上低成本的复制，其生产上的边际成本不会随着生产数量的增加而降低多少。在一个增量市场，供给侧数量限制，可能直接影响产品所能达到的潜在市场空间。而KOL[①]明星主播的培养相对时间较长，是一个相对专业和固定的周期过程，不像第三方打车软件司机，只要有驾照人人都可以当，全国有几亿潜在储备力量。所以，高质量的KOL明星教练将会是稀缺资源。如何提供足够数量的高水平明星教练，这是在一个"健身+直播"产品冷启动中，所需要思考的关键问题与难点之一。其次，是挑战难度、正向互动和反馈的设计。

---

① KOL，即关键意见领袖（key opinion leader），是营销学上的概念，通常指拥有更多、更准确的产品信息，且为相关群体所接受或信任，并对该群体的购买行为有较大影响力的人。

健身直播这种形式主要存在用户定位与流失、场景及技术限制、运营成本较高、难以标准化等问题，而希望通过直播，满足用户的参与感、互动和即时反馈，还需要5G的普及和更多物联网穿戴设备的加持。

1.1.1.5 网络健身运动训练的管理

自2014年起，我国政府相继出台一系列文件，包括《国务院关于加快发展体育产业促进体育消费的若干意见》《关于加快发展健身休闲产业的指导意见》《体育强国建设纲要》等，均强调了全民健身的重要性，助推了以互联网技术为核心的体育健身新业态在我国逐渐兴起。截至2020年6月，中国网络直播用户规模已超6.3亿，占网民整体的60%左右。伴随我国网络技术的不断进步，网络健身运动开展既具备用户基础，也具备技术基础。2020年，由于受到新型冠状病毒肺炎疫情影响，我国居民的健身与健康问题成为社会焦点。但是，传统的健身活动过分依赖于线下的运动场景，且疫情期间居民的外出活动会有一定的阻力，以上种种原因使得居民在特殊时期受时间、空间、经济等因素影响，无法坚持或开展线下健身运动。而网络健身运动本身具备的便捷性、科学性、互动性、娱乐性、经济性等特点，很大程度上满足了当下居民的健身需求，因此，体育健身运动开始向线上转移。2020年1月30日，国家体育总局办公厅下发了《关于大力推广居家科学健身方法的通知》，网络健身运动迎来了发展契机，具体表现为运动项目增多，用户规模不断扩大。根据QuestMobile发布的报告，2020年2月，运动健身App行业活跃用户规模快速上涨至8 928万人次，同比增长了93.3%。

对比线下健身房运动训练的较为成熟的运营管理模式，网络健身运动训练的运营管理模式还相对稚嫩。首先，仅通过健身时长、健身项目种类等对运动者健身效果进行评估，不能满足多样化的运动者健身需求；其次，由于缺乏专业的运动指导，对于健身运动初学者而言，可能产生运动伤害；最后，长时间一个人进行健身运动，缺乏同伴间的交流和鼓励，在短期健身运动成果不能达到运动者心理预期时，会导致运动者健身热情的下降，使运动者放弃线上运动健身。综上所述，网络健身运动用户规模难以为继，如何在突破传统观念对时间和空间的限制的基础上，满足会员的个性化需求，利用互联网多元化发展，革新网络健身运动训练管理模式，成为维系和增加网络健身运动用户规模的关键所在，如何提升网络健身运动训练的管理成为管理者亟须解决的难题。

1.1.2 虚实融合运动训练的研究意义

1.1.2.1 理论意义

（1）借助 VR 技术，既能够模拟高水平运动员的竞赛场景，又不受天气、场地的限制，还可以监测运动员的相关运动训练数据；拟使用多分类 Logistic 回归分析函数，借助大数据分析方法建立运动场景刺激感知模型，计算运动场景刺激感知度，并进行统计汇总；通过运动场景刺激感知度，来分析场景刺激训练（"教"）的效果，从而完善在 VR 技术条件下的体育运动训练理论。

（2）利用运动员场景刺激感知度和运动场景刺激效果转化率，通过训练数据对比和实证分析，进一步明确运动场景刺激效果转化率的计算方法，以求更客观地通过运动场景刺激效果转化率分析运动员训练（"学"）的效果，丰富体育教学效果评估理论。

1.1.2.2 实践意义

（1）将运动场景刺激感知模型提供给运动训练团队使用，使其能够精细地把握运动员的训练变化过程，研究运动训练影响因素及相互作用机理；通过设置各类运动需要的场景刺激感知度最低要求值（阈值），以求提高 VR 场景训练资源的利用效率。

（2）构建 VR 情景下体育运动训练教学效果评估指标体系，并开展评估工作；将体育运动训练教学效果评估结果，分门别类地反馈给管理部门，促使教练员团队及时适应运动员的训练需求；在技术应用、训练效果、团队建设、教学服务等方面有序地推进规范化管理。

1.2 虚实融合运动训练的国内外研究现状

1.2.1 VR 运动仿真训练的研究

近年来，我国竞技运动的训练理念已经开始逐步转型升级，逐渐向计算机辅助训练，特别是应用 VR 技术，借助高科技手段提高竞赛成绩的观念转变。其相关研究主要集中在以下几个方面。

（1）VR 情景下运动训练场景刺激感知方法研究。在运动训练中，强大的体力和脑力负荷会影响到运动员的反应和学习效率。通常情况下，VR 场景下运动教学效果的评价主要是根据动作的匹配性、协调性、负荷量、运动时间、运动频率、场景刺激强度等因素来衡量。根据视觉双通道理论思想[1]，在 VR 情景下运动员是能够协调视觉与动作之间的关系，进而做出准确的训练动作的。孙萌[2]等综合分析了虚拟现实技术交互性、多感知、构想性、沉浸性等特点，提出了 VR 技术在体育教学活动中开展动作对比、超现实训练，以及异地互动等应用。白海军[3]、张涛[4]等提出了在体育教学项目中（如跳水、蹦床、篮球等）应用 VR 技术的设想，但仍需要进一步研究建立和优化运动训练场景刺激感知评价模型的方法。

（2）VR 情景下运动员训练效果机制研究。VR 技术的应用增强了运动训练的交互性、体验感和沉浸感，但是运动训练的难度或项目差异会导致训练动作与示范匹配水平不一致。[5]而匹配的准确率和匹配度主要依赖运动员的视觉

---

[1] MILNER A D, GOODALE M A. Two visual systems re-viewed[J].Neuropsychologia, 2008, 46(3):774-785.

[2] 孙萌. 刍议计算机"虚拟现实"技术在高校体育训练中的应用 [J]. 电子测试,2013（22）: 61-62.

[3] 白海军, 高云丽. 计算机虚拟现实技术在高校体育训练中的应用研究 [J]. 黑龙江八一农垦大学学报, 2013（3）: 105-107.

[4] 张涛. 现代体育训练中的计算机虚拟技术应用探究 [J]. 电子测试, 2013（11）: 264-265.

[5] 钱隆. 基于虚拟现实技术的高校体育教学与训练研究 [J]. 自动化与仪器仪表, 2017（6）: 242-243.

和运动水平（如做出动作的反应时间、动作反应的复杂程度等）。如球速较慢反应动作简单，预判准确率就较高，反之亦然。运动员如果能从较少的线索中快速获取足够多的信息并做出相应的反应，说明这个运动员的运动水平高。通过 VR 场景训练并反复刺激，可提升运动员的综合反应能力，从而提高其运动水平。因此，有必要建立起一套提升运动员场景刺激训练效果的管理运行机制。

（3）VR 情景下运动教学效果测评研究。在运动教学效果评价方面，国内外研究主要集中在评价体系构建和应用方面。林嗣豪提出了一种运用层次权重决策评价（层次分析法）的方法，该方法是将效果、指标、目标等相关元素按决策的相关性对评价对象进行定性和定量的分析，从而根据掌握的部分定量信息，实现对多目标、多准则和无结构特性的问题进行决策[①]。但是这些研究都没有将运动教学整体化，因此非常有必要建立起 VR 情景下科学完整的运动教学效果测评体系。

从 1956 年 Morton Heilig 发明第一套虚拟现实设备至今，虚拟现实（VR）技术目前已经能够把"文本、图像、声音、视频"信号等作用于"视觉、听觉、触觉"等感官上。根据视觉双通道理论思想，在虚拟环境下运动员能够协调视觉与动作之间的关系，通过观察示范影像资料理解动作要领，进而提高训练完成效率，实现运动员专项能力的正向良性迁移。在实地训练方面，20 世纪 50 年代，苏联出现了"二元训练理论"，并成为主流训练理论，据此，体育运动能力由"体能"和"专项能力"这两个"元因素"构成。"体能"包括速度、力量、耐力等素质能力；"专项能力"是指从事某种运动项目所具备的专门运动能力，包括表现准确性、身体协调性、各类对抗性、心理因素等。由于竞技体育项目类型包罗万象，1983 年，田麦久[②] 首先提出了项群训练理论，把竞技体育训练分为体能训练（爆发力、速度、耐力等）、项群训练（如技巧、短跑、投掷等项群类）和专项能力训练（表现准确性、表现难美性、对抗性等）三个

---

① 张冰. 网络境遇下的体育训练与体育教师的知识管理 [J]. 内蒙古师范大学学报（教育科学版），2014，27（5）：142-144.

② 田麦久. 项群训练理论 [M]. 北京：人民体育出版社，1998.

阶段。在这三个训练阶段分别从训练目标、训练内容、负荷量度和训练组织四个角度，研究运动员心理素质、技术素质、体能素质、对抗能力和智谋应变能力等多个维度的训练效果影响因素。由于高负荷脑力和大强度体力运动训练都会影响到运动员的应变能力和训练效果，这就需要将不同类型训练资源、运动员信息和竞技要素组合叠加在一起。由于 VR 技术具有交互性、多感知、多构性、体验感等特点，其技术已经在体操、武术、高山滑雪等部分运动训练项目中应用，因此，竞技体育项目虚实融合训练效果评测的影响因子应综合考虑动作匹配性、优美性、协调性、负荷量、运动时间、运动频率、场景刺激、心理稳定性和数据分析及时性等多种因素。

1.2.2 虚拟现实技术在运动健身项目训练中的应用研究

虚拟现实技术在运动健身项目中的应用已经取得了巨大的进展，主要的应用体现在以下四个方面。

1.2.2.1 营造多样化的培训环境

随着竞技体育的发展和人们对竞技环境的日益重视，为了提高运动技术，许多教练开始思考如何创造一个贴近比赛的训练环境。虚拟现实技术可以实现真实环境与虚拟环境的交互，如在热身赛中，可以使训练更加真实，降低受伤率，不仅节约了成本，更提高了训练效率。在健身运动项目中也同样如此，当想要运动的人员无法获得喜欢的环境或者设备时，虚拟现实技术可以通过其对环境的模拟创建一个类似的训练环境同时进行虚拟环境与真实环境的交互，在有限的条件下尽可能满足运动人员的需求，从而达到增进运动健身效果的目的。

1.2.2.2 创建虚拟对手

虚拟现实技术可以创建虚拟对手，通过分析对手的视频和其他数据，模拟真正的对手进行对抗练习。运动员需穿戴三维立体头盔、数据衣和其他外围设备。如拳击训练，运动员可以看到拳击手在他面前战斗、闪避，并通过三维立体头盔不由自主地反击。这有利于运动员通过技术、战术、心理和体能训练获得较高获胜概率。虚拟现实技术与体能训练相结合，训练效果显著。

1.2.2.3 获取三维体育信息

在体育运动中，有许多看不见、摸不着、危险的事件或动作，只能利用传统的多媒体技术从三维角度进行观察和分析。人的立体运动信息是每个关节的三维坐标的动作信息，这是分析人的三维竞技运动的关键和基础。虚拟现实技术可以显示运动员的三维运动信息，抓住技术动作的重点和特点，通过对三维运动信息做量化分析，并以图形的方式展示分析结果（包括位移、速度、力量等）。在此基础上，对理想动作与运动员技术动作做深层次的分析，构建虚拟的运动员训练与比赛环境，可以弥补因为天气、场地、器材、经费或者运动员受伤等原因导致无法训练带来的负面影响。

1.2.2.4 训练效果评价

训练效果评价可以帮助教练员及时调整训练计划。在收集了每天的训练信息后，我们可以模拟训练运动仿真系统在计算机上的应用，对训练效果进行客观评价，同时与过去的训练动作比较，找出运动员的进步与不足。基于训练评估与运动员的个性特征对运动员的行为进行深入分析，并为下一阶段的培训提出更好的行动计划。

1.2.3 虚拟社区对运动健身活动的影响研究

虚拟社区主要从以下三个方面来影响消费者的健身活动。

1.2.3.1 身体呈现：自我认同、群体认同和社会认同的整合

英国心理学家贝蒂·汉勒米（Betty Hanlemi）认为"身份认同是从三个层面发展而来的，即从群体身份到社会身份再到自我身份"。通过某种身份，人们可以从群体中获得一种归属感、一种信仰体系，并通过群体的社会参与获得某种社会身份感。在获得一定的社会认同后，个体自我认同的内在动机增加，这将直接影响个体的自我参与。

第1章 绪论：从传统的运动训练到虚实融合的数字体育

（1）自我认同

身体是人际交往中最直观的印象之一。一个好的身材常常给人健康和阳光的感觉。良好的身材一直被视为"魅力人格"的一个重要方面。Keep的用户主要是20～35岁的年轻人。他们有很强的接受新事物的能力，对健康有着强烈的需求。Keep为年轻人提供了一种有趣且低成本的运动方式。当您首次登录Keep时，系统将根据您的健身需求和锻炼能力提供定制的训练计划。在每次健身训练结束时，用户可以查看训练时间和消耗的卡路里，并收集用户运动体验的统计数据。用户的历史训练和身体数据可以在个人页面上查看。用户每次完成训练，都会获得更多的成就感。如果坚持训练，身体会得到改善，从而提高用户的自我认同感，塑造"迷人的个性"。

（2）群体认同和社会认同

从社会学的角度定义自我认同，"个体通过社会交往对自身价值进行定位的过程和结果是对自我认同的确认"。以健身训练为互动方式，以网络虚拟社区为载体的互动构建了用户的自我认同，进而强化了彼此之间的关系，从而提升了群体认同和社会认同。Keep成立了许多健身团体，包括"我们都是设备控制""减肥大本营"和"北京的守护者"。这些群体本质上是不同的群体。社区是人们基于社会关系建立的群体的集合。这些社区的人们聚集在一起是因为有一些共同点。在小组中，有"每日打卡"和"本月累计训练排名表"。排名列表根据本月累计训练或跑步量前100名公布，为用户创建基于训练量的虚拟排名。

1.2.3.2 社区聚集：给人一种组织感和归属感

社会学家雷戈尔德提出了"虚拟社区"的概念：即通过互联网连接起来的人，他们突破地域限制，相互交流，共享信息和知识，形成具有相似兴趣和情感的特殊关系网络。Keep为热爱健身的人们提供网络虚拟社区，进行信息传播、文化交流和兴趣分享，形成以健身为核心的文化和价值共享群体。Keep将弱关系网络和强关系网络结合起来，构建了一个移动健身社区，该社区具有以下特点。

（1）健身小组赋予组织感与归属感。移动社群构建的基础是互联网技术，而兴趣分享与传播维系并加强社群联系。在健身社群中，用户被赋予新的虚拟身份，并按照地域、兴趣、运动能力等参与不同的健身小组，这些小组多的可达到18万人。小组中设置的打卡与百位排行榜，使用户可以在小组中看到其他小组成员的训练记录。此外，小组通过举办线下活动，如同城健身约跑等，可以加强用户的归属感。

（2）激励和提升排名和排名机制。健身社区中设置的排名和排名机制完全基于用户的使用时间。它是一种非情绪信息筛选，客观且得到高度认可。用户参加培训的时间越长，级别越高，在团体排名列表中的排名越高，这会促进用户有竞争意识和成就感。在 Keep users 的个人页面上，用户可以查看其所有培训记录和数据，并可以查看其在组排名列表中的排名。这些数据可以通过朋友圈、微博和 QQ 等社交软件共享，鼓励用户使用健身软件，改善他们的健身数据和排名。

（3）"晒"出来的一种仪式感。移动健身社区中存在两种连锁传播：熟人链和陌生人链。在熟人链上，用户可以共享训练数据，包括步数、消耗的卡路里、跑步时间和里程等。陌生人链以图片和文本的形式传输。用户可以在小组中分享饮食（健身餐）、穿着（运动器材和服装）、场地（健身场所）和身体（健身结果）。"我要选择""人才推荐"等形式为用户提供"晒"空间。"晒"本身就是一种带有仪式感的行为，"晒"是一种共享行为，有助于增强彼此的存在感和依赖感，同时为平台提供更多内容。

1.2.3.3 重塑人格：社会化角色扮演的体验

（1）社区精神领袖——人格化的象征。Keep 的所有健身视频都由专门的健身教练和专家教授。在视频中，除了充满激情和活力的音乐外，教练也会督促学生坚持，及时提醒学生保持动作标准和呼吸节奏，帮助学生更好地完成训练。视频中的教练和声音实际上是保持个性的象征性代表，它具体化为保存在特定图像中以与用户交互。

（2）高效消费者——用户生产内容的良性循环。Keep talent 建议对人才进行分类，包括健身知识、减肥、肌肉增强、塑形、健身、健身餐、跑步、瑜伽等，并专门设立辣味妈妈、Keep 专家作者小组和明星人才。这些人才在社区中非常活跃，是用户内容的主要贡献者。

在《认知盈余》一书中，克莱·舍基将人们参与生产和创造的动机归因于参与行为本身带来的满足感和效能感，以及网络媒体和社会工具赋予人们参与创造的可能性。[①] 健身社区聚集了对健身有强烈需求的群体。健身成绩显著的用户撰写自己的健身体验，分享健身体验和成果，并与其他用户互动。对于消费者来说，保持社区的生产力和加强他们对网络的贡献是很重要的。

（3）普通消费者——意见领袖的追随者。最大数量的移动社区是普通消费者。这些用户通常不制作内容或很少制作内容。他们在社区中的存在感较低，通常是意见领袖和高效用户的追随者。然而，由于其数量庞大，它也成了移动健身内容的主要购买群体。他们参与健身的原因主要集中在减肥、塑形和增肌上。大多数人的健康水平和体型都在中等以下，他们渴望通过运动达到理想体型。对于普通用户来说，移动健身社区的核心吸引力在于丰富实用的健身内容。

1.2.4 线上线下运动健身训练项目管理研究

线上线下运动健身训练项目管理研究主要集中于两个方面，一是线上线下转换与融合研究，二是线上线下运动健身训练项目的管理制度研究。

基于线上线下运动健身训练项目管理的转换与融合研究视角，国外学术界尚未有相关研究文献，只有少数几篇关于智能健身房的研究，研究内容多为智能健身房的建设和普及措施。国内学术界关于线上线下运动健身训练项目的转换研究初期主要集中于运用心理学、管理学等相关知识，对线上线下运动健身

[①] 克莱·舍基.认知盈余：自由时间的力量[M].胡泳，哈丽丝，译.北京：中国人民大学出版社,2012.

平台存在的问题和发展策略开展研究。王子朴等[1]归纳"互联网+健身"App主要包括四种类型：一是以健身社交、计步软件为主的App；二是以健身课程和社交为主的App；三是以教练O2O以及Classpass模式为主的App；四是融合"互联网+健身"模式的线下健身房。其中，教练O2O以及Classpass模式和融合"互联网+健身"模式发展还不完善。陈坚伟[2]归纳网络健身应用主要包括健身教学、实时监测、健身社交、健身档案、目标设定、健身商务和健身游戏七项功能，但由于线上线下健身运动平台的"顶端聚集"现象突出、线上健身平台对线下健身资源整合困难、线上健身平台健身设备不足，致使线上线下平台资源共享受阻，线上平台用户维系存在困难。

在开展问题研究之后，接着学术界有学者对线上线下转换与融合的方式开展了研究，满金山[3]对"互联网+"背景下乐刻运动健身俱乐部的运营特点进行研究，认为传统健身房更重视营销，对用户体验关注较少，健身服务同质化倾向明显，网络健身的出现有利于满足人们希望获得多样健身方式的需求，智能健身房有利于融合线上线下两种模式的优点。

谢璐等[4]指出，线上线下融合发展要打造特色化的线下门店，以克服线下门店信息化应用不足、营销为主的缺点，充分利用互联网信息技术，打造差异化、特色化的体验式门店，以获取和维系更多客户。何进胜等[5]对智能健身房商业模式进行分析，指出要改变传统健身房的发展困境，可将线下健身房运营

---

[1] 王子朴，药婧瑶.体育移动应用的形成、发展和前景[J].中国体育科技，2014（6）：113-121.

[2] 陈坚伟.从健身应用分析"互联网+健身"的现状、问题与前景[J].体育科学，2016，36（9）：20-27.

[3] 满金山.互联网+背景下乐刻运动健身俱乐部运营特点的研究[D].济南：山东体育学院，2018.

[4] 谢璐，苗苗.线上线下零售业态"新零售"逻辑与助力发展的政策建议[J].商业经济研究，2019（21）：16-19.

[5] 何进胜，唐炎.我国智能健身房商业模式分析研究与启示意义[J].广州体育学院学报，2019，39（1）：29-35.

管理模式参照 O2O 模式升级，即消费者和健身房可在线上搜索信息、发布信息、预定教练、支付消费、预约锻炼时段、推荐营养餐，以及进行网络营销、用户互动、用户与俱乐部沟通交流等。同时，消费者可在线下进行锻炼，体验健身房服务质量，亲身感受健身环境和实体感知教练水平等。还有学者对线上线下健身运动融合发展的必要性开展研究，郗功晖等[1]指出，线上健身存在身服务质量无法保证、健身功能不足、专业型人才缺乏、智能设备普及受限、缺乏政策指导等问题，并指出线上运动健身用户维系要实现相互融合，才能更好地促进线上健身的发展。刘建武等[2]对健身服务业线上线下融合发展的内涵进行分析，指出线上线下健身融合的构成要素包括信息技术、健身服务或产品、健身服务业务以及市场等方面，其具体的融合过程为：首先，形成"互联网＋健身理念＋健身内容"的健身服务新业态；其次，通过线上健身服务带动健身人群规模扩张，助推线下健身房产品和服务与网络技术相结合，形成线上线下健身联动服务新业态。

1.2.5 线上线下运动健身项目虚实融合训练效果评测

随着经济的腾飞，科学技术水平取得了突飞猛进的发展，互联网与人们生活工作的各个领域的融合现已影响到人们生产生活的方方面面。2015年，在十二届全国人大三次会议上，国务院总理李克强在政府工作报告中首次提出了"互联网＋"计划。同年，国务院发布《关于积极推进"互联网＋"行动的指导意见》，指出"互联网＋"将成为经济社会发展和创新的重要动力。根据国务院2014年发布的《关于加快发展体育产业、促进体育消费的意见》，全民健身首次被提升为国家战略，其根本目标是增强人民体质，提高人民健康水平。长期以来，随着互联网的迅猛发展以及国家政策的大力支持，手机、移动互联

---

[1] 郗功晖，周玲童.新冠疫情下线上健身存在的问题及发展策略研究[C].第三届"全民健身科学运动"学术交流大会论文集，2021：40-41.

[2] 刘建武，钟丽萍，张凤彪.健身服务业线上线下融合发展的机遇、机理与路径[J].体育文化导刊，2021（9）：86-92+104.

网等技术在体育界形成了一种新的体育训练模式，即将运用互联网或运用依靠互联网的新设备的线上运动健身与传统线下健身相结合的线上+线下运动健身模式。但目前专门针对运动健身线上线下融合训练的效果评测的研究还少之又少，学者们主要研究线下实地训练和运动行为的效果评测，极少研究互联网相关产品对线上运动健身效果的影响。

在线下运动健身项目训练效果评测研究方面，王涛[1]列举了主客观两方面的训练效果评价方法，客观侧重生理评价，包括脉搏（或心率）指标和体重指标等，主观侧重健身参与者感觉评价，包括自我感觉、睡眠与饮食、学习效率和能力等，同时提及恢复期情况评价法、运动量大小评价法等。周德超等[2]在有氧运动强度下，采取不同的运动方式，通过测量耗氧量计算能量消耗，研究不同运动方式的能量消耗是否存在差异，从而进行为期8周的健身运动，并评价健身运动的效果。秦芳等[3]通过对河北省健步走协会300名会员的身体素质、身体形态、身体机能3个一级指标和坐位体前屈、握力、腰围、体脂百分比、BMI（体重指数）、安静心率、最大摄氧量（台阶实验）、肺活量8个二级指标进行测试，通过身体机能、身体形态及身体素质的数据对比分析得出健步走对中老年健身的效果。廖祖英等[4]建立了力量健身类的评价指标10项，有氧健身类的评价指标3项，塑形健身类的评价指标6项，减脂健身类评价指标5项，对长期锻炼人群进行健身效果的评价。张国海[5]在研究运动与大学生骨密度和身

---

[1] 王涛.青少年健身效果评价的方法与原则[J].青少年体育，2014（6）：108-109+119.

[2] 周德超，周长根.有氧运动强度下不同运动方式的能量消耗及健身锻炼效果评价[J].安徽师范大学学报（自然科学版），2021，44（2）：197-204.

[3] 秦芳，魏秀杰，孟兵林.健步走对中老年人健身效果的评价研究[J].科技资讯，2019，17（7）：217-218+220.

[4] 廖祖英，代毅.长期锻炼人群健身效果的评价研究[J].成都体育学院学报，2011，37（6）：76-79.

[5] 张国海.运动对大学生骨密度和体成分的影响及相互关系的研究[J].中国体育科技，2008，44（5）：56-62.

第1章 绪论：从传统的运动训练到虚实融合的数字体育

体成分的关系及影响时，提出有氧运动可以增加受试者的瘦体重含量，降低体脂率，从而有效地提高身体成分的结构比例。Hamid Arazi等[①]对高校大学生进行了为期12周，每周2次的不同手段训练，在试验中将受试者分为2组，观察两种训练对受试者的力量、有氧能力、柔初性和体成分的训练效果。

在线上运动健身项目训练效果评测研究方面，黄中华等[②]将80名学生随机分为两组，通过微信平台和体育类App进行为期12周的干预。结果表明，除了身高和体重外，体育类App组的身体健康指标也有显著改善，且显著高于微信平台组，表明在线体育健身项目对增强大学生的体质有积极的作用。于晓东等[③]结合我国学校体育课程教育的现状、学生的身体问题以及影响大学生运动习惯培养的因素，探讨了体育类App对大学生体育习惯培养的促进作用。他认为，体育类App的使用可以激发学生参与锻炼的兴趣，提高锻炼的科学性、持久性和自觉性，极大地促进学生体育习惯的培养。李楠[④]对山西省6所学校的800名大学生进行了问卷调查，结果显示，体育运动类App对山西大学生的体育锻炼频率、锻炼时间、锻炼强度等运动训练效果存在显著影响。

通过以上研究可发现，虽然线上＋线下运动健身随着技术的发展越来越普遍，但目前对运动健身线上＋线下融合训练的效果评测的研究尚处于空白，因此如何进行线上线下运动健身项目虚实融合训练效果评测极其重要。

---

① ARAZI H, FARAJI H, MOGHADAM M G, et al. Effects of concurrent exercise protocols on strength, aerobic powder, flexibility and body composition[J].Original scientific paper, 2011, 43(2): 155-162.

② 黄中华，莫月红.基于互联网的运动干预项目对大学生体质健康影响的测量研究[J].湖北体育科技，2016，35（9）：764-768.

③ 于冬晓，刘宗超.运动类App对普通高校学生体育习惯养成的促进作用[J].四川体育科学，2016，35（4）：116-119.

④ 李楠.体育运动类App对大学生体育行为影响的研究[D].太原：中北大学，2017.

1.3 虚实融合运动训练的研究内容

1.3.1 虚拟品牌社区中健身形式对用户忠诚度的影响

新型冠状病毒肺炎疫情的持续发酵给传统线下健身行业发展带来了巨大冲击，健身行业开始利用信息通信技术及互联网平台对其本身进行优化升级转型的尝试。为了分析在虚拟健身品牌社区中用户采用不同的网络健身形式的区别，以及理清对该形式的忠诚度影响机制，本研究基于在学校健身中心、新零售虚拟现实实验室对虚拟品牌社区中健身用户的预调查，共进行了两次组间实验，并对实验者进行随机抽样调查。研究一采用单因素方差分析的方法检验了虚拟品牌社区中健身形式对感知价值的影响差异，研究结果表明，虚拟品牌社区中健身形式越具有灵活性及响应能力，对感知价值的影响效应就越明显。研究二在验证研究一所得结论的基础上，进一步检验感知价值对用户忠诚度的作用路径，以及涉入度对作用路径的调节作用，结果表明，感知价值会促使用户产生满意度及社区认同，最终影响到在该虚拟健身品牌社区中用户的使用意愿和推荐意愿；高涉入度的健身氛围会促进感知价值对满意度、满意度对用户忠诚度的正向影响。

1.3.2 网络健身沉浸体验对唤醒人们运动的情绪和行为的影响

与传统运动健身相比，网络健身具有时间更加灵活、场地限制少等优势，也符合后疫情时代人群聚集和流动减少的需求。但是网络健身活动在教学方面，往往存在着教练教学水平低、运动场景不逼真、健身视频影像效果差、网络直播互动效果不好等问题；在网络健身学员学习方面，由于缺乏面对面的教学训练环节，教练无法对健身用户进行实时监督和及时检查，学员之间也难以面对面地交流学习心得，很难开展相互督促和比较，使得健身学习效果的反馈困难。这些问题降低了网络健身用户的愉悦感和唤醒度，不利于健身用户良好的锻炼态度和习惯的培养。网络健身用户沉浸体验、情绪和行为研究仍处于起步阶段，为了理清网络健身用户的沉浸体验、情绪以及行为之间的内在作用关系和影响机理，本研究通过对网络健身用户开展调查问卷的方法，采集用户在健身互动过程中产生的沉浸体验、情绪和行为数据，根据"S-O-R"分析框架，通过多元统计分析方法，利用SPSS、AMOS软件，开展网络健身用户沉浸体验、愉悦感和唤醒度、锻炼态度和习惯的行为影响的数据分析，研究其中内在的数据联系，有针对性地开展网络健身的互动效果提升、健身情绪刺激、锻炼态度引导和用户习惯养成等研究，有的放矢地提升网络健身运动服务质量和参与度。

1.3.3 健身直播线下转换成本与线上用户忠诚的关系研究

2020年，伴随新型冠状病毒肺炎疫情扩散，居民外出健身受阻，传统依赖线下活动场景的体育消费模式遭受了沉重打击。与此同时，国家体育总局下发《关于大力推广居家科学健身方法的通知》，居民对健身的重视程度不断提升，健身热情不断高涨，而线下健身房的大范围暂停营业现象，居民健身需求难以得到满足。健身直播由于空间和时间的限制小，迎来发展契机，体育消费向线上转移。但随着新冠疫苗研发成功、隔离措施生效，疫情影响逐渐减弱，全国迎来复工复产，线下健身房也逐渐恢复正常运作，受线下健身房器材齐备、教练专业、互动性强等吸引，部分线上健身直播用户逐渐向线下转移。为了维系用户，网站一般采取两种方法：一种是通过宣传、激励等手段挖掘潜在用户不断加入；另一种是提高现存用户忠诚度，减少用户流失。类比可知，线上健身直播平台要维系用户，消减用户向线下流失数量，提高用户忠诚度是一种可行手段。为了增加客户忠诚度，使线上健身直播平台用户流失率降低，维系用户、保持流量，使健身运动和健身消费线上线下齐头并进，助力全民健身实现，因此，本研究以转换成本理论为切入点，考察了转换成本和用户忠诚度之间的关系，并将涉入度和满意度作为调节变量，探讨涉入度和满意度对转换成本和用户忠诚之间关系的调节作用，剖析健身直播情景下转换成本对用户忠诚度的影响机制，提出维持后疫情时代健身直播平台长足发展的有效对策。

1.3.4　网络健身管理中的问题研究

网络健身涉及网络和健身两个产业领域。由于互联网的开放、自由、平等的特点，健身者匿名通过互联网自由交流，无论性别、年龄、身份、地位一律平等相待。在这种情况下，网络健身定位和管理的难度大大增加。互联网将各地的健身者集中在一起，形成一个个网络健身组织，他们之间的沟通交流会受到网络的限制，专业人员对其影响力较小，因此，网络健身内部成员缺乏约束力，健身者多以自我管理、自我约束为主，难以形成有效的组织结构，我国目前网络健身组织大多管理结构松散。

网络健身行业作为一个朝阳行业，各项针对性的法律法规尚不健全，这也意味着网络健身监管机制处于真空地带。网络健身法制化建设滞后，难以形成和谐、法制、健康的网络健身环境。[①] 这是一个新兴行业，发展过程中需要政府相关部门根据网络健身的发展现状，因地制宜制定地方网络健身法律法规细则，增强对网络健身的执法监管工作，评估网络健身法律在网络健身中的作用，切实做到有法可依，保护健身参与者的合法权益。除需要完整的法律监管机制外，打造网络健身品牌影响力，增强行业社会责任感，培养健身者对网络健身行业的信赖感也是行业健康发展的重要一环。一直以来，我国缺乏知名的网络健身品牌，从而导致行业缺乏"灵魂"。目前，我国智能健身市场尚处于起步的阶段，各厂商的产品销量仍在爬坡过程中，而用户的认知也尚未完全形成，甚至不乏"智商税"的质疑。品牌需要快速提高用户信任度，从而促进网络健身行业的进一步发展。同时，在网络信息资源供给方面，网站信息量大、更新及时、有吸引人的服务被用户公认为是一个成功网站必须具备的条件。在这一方面，我国目前网络健身信息数据库的开发利用落后于国外发达国家水平。主要表现在以下几个方面。

（1）网络健身信息资源开发利用程度不够，数据库水平不高，还存在数

---

① 苗治文，李晓龙，岳超.我国全民健身的网络支持与应用[J].沈阳体育学院学报，2017，36（5）：17-22.

据割裂造成的"数据孤岛"现象。

（2）网络健身信息资源开发利用管理机制不健全，缺乏分工和协调。

（3）网络健身信息资源使用率不高，数据被封闭于各自的企业，数据流通受到阻碍，共享机制不健全。

此外，加入网络健身组织的门槛很低，造成了网络健身内部组织成员流动灵活，网络健身成员结构多元化，网络健身内容也复杂多样。未成年人尚未形成清晰明确的世界观，守护未成年人的健康成长，加强对网络健身内容的监管和网络监管必不可少，监管需要政府部门和相关行业制定相应标准，为未成年人健康成长营造良好的健身氛围。

结合多个方面进行探究可总结出网络健身管理中的一些问题：监管相对滞后、缺少相应法律规章制度、网络健身行业规范亟待建立、网络信息资源供给落后、缺少对未成年人的准入标准等。本研究从这些方面入手，多角度地探究网络健身存在的问题，为完善网络健身制度提出参考性的意见。

1.3.5　运动健身项目虚实融合训练效果影响因素及评价方法

目前，对训练效果的研究常见的有文献资料法、比较研究法、定性定量多重论证法、德尔菲法、层次分析法、问卷调查法、测量法、数理统计法等研究方法，本书尝试从运动承诺的视角出发，探讨锻炼动机、训练内容和教学手段对运动承诺的影响，进而分析影响训练参与者运动效果的因素，建立起一套稳定的竞技体育项目虚实融合训练效果多维度评测模型。

通过对线上线下训练效果评测的相关文献的收集，我们将虚实融合训练效果的影响因素的选取分为四个维度：运动承诺、锻炼动机、训练内容和教学手段。各个维度又包括一些具体的因素，并以运动承诺、锻炼动机、训练内容和教学手段为潜在变量，其各自包含的具体因素为测量变量，构成了影响因素的测量模型。

1.4 虚实融合运动训练的研究思路及方法

1.4.1 研究思路

本研究遵循因素分析（对象研究）—刺激感知（信息融合）—行为触发（模式识别）—效果评估（决策优化）的基本思路，在数据采集与分析的基础上，通过定性与定量相结合的方法，围绕VR情景下的体操、技巧运动员场景刺激训练及运动训练教学效果测评进行系统的理论与实证研究，进而为体育训练领域里高水平运动员利用运动场景刺激训练提供科学依据和管理参考。研究技术路线如图1-1所示。

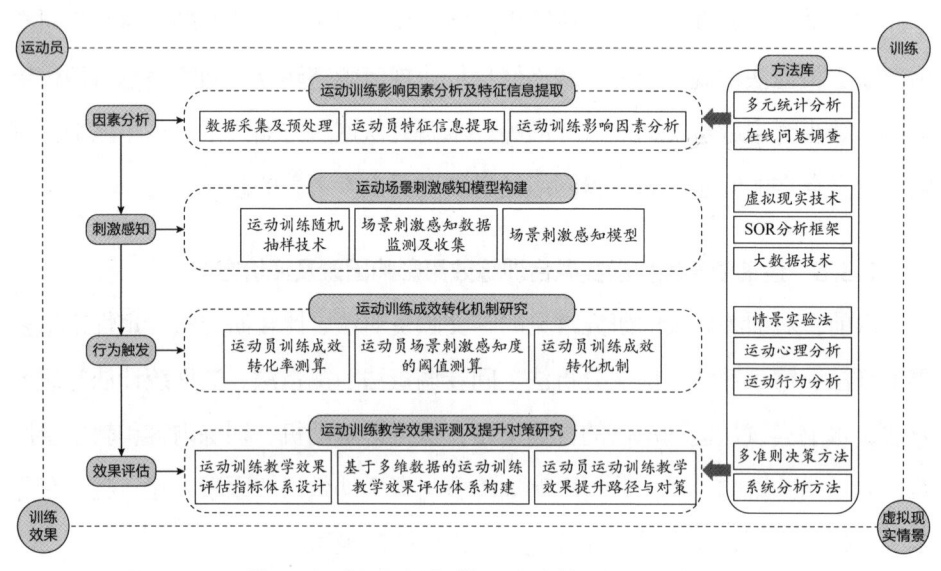

图1-1 VR情景下运动场景刺激感知及教学效果转化机制研究技术路线

1.4.2 研究方法

（1）多元统计分析法。用文献研究法对运动训练场景利用的相关领域文献进行系统的分析和归纳，全面系统地掌握该领域相关理论和最新研究进展。利用主成分、相关、聚类和回归分析等方法，对所获取的数据开展数理统计分析。

（2）VR情景实验法。本研究根据对高水平运动员训练的需要通过申请的方式，抽取部分体操、技巧运动员的方法进入我校VR技术实验室；用VR

技术展示渲染运动训练场景，让参与运动员进行 VR 场景示范刺激训练，并同步采集相关运动员的训练（脑电、心电、脉搏、眼动等）生理反应数据，再根据运动员相关特征数据研究其运动心理、训练状态等变化数据。

（3）数据挖掘与分析技术。本研究以 VR 情景下的体操、技巧运动员为研究对象，先通过 VR 实验设备采集运动员的各个阶段数据，拟采用多分类 Logistic 回归分析函数，结合多源异构大数据分析方法，开展构建 VR 情景下的运动场景刺激感知模型的研究，并在此基础上开展运动训练场景刺激感知度、运动场景刺激训练转化率等的教学效果转化机制研究。

（4）在线问卷调查技术。科学设计 VR 情景下运动训练的调查问卷；线下以实验室实验抽查小样本数据为训练模型，对调查问卷进行信度和效度检验，完善提高调查问卷质量；线上通过网络平台采集运动训练体验效果、转化效果、评价效果等数据，开展线上大样本调查问卷监测与评估。

第2章 理论基础

2.1 感知价值理论

2.1.1 感知价值的概念

感知价值一般情况下就是指顾客感知价值，是客户在对感知到的利益和接受产品所承担的代价进行权衡后对该产品的总体评价。客户对企业商家等提供的产品服务与服务包含的主观性认知即是客户感知价值体现，它区别于企业与商家所提供的产品与服务的客观价值。

客户会通过交易过程实现顾客价值。客户在与企业交互过程产生的主观感知就是顾客感知，顾客感知是顾客价值的本质，它还包括客户对得失之间的权衡。传统意义的顾客价值概念不同于顾客感知价值，顾客感知价值是顾客对于商家提供的产品服务等产生的主观认知。传统意义上的顾客价值是企业内部的认知导向，指的是商家认为其产品服务等能够为顾客提供价值；而顾客感知价值是外部顾客认知导向，指顾客对商家所提供的产品服务等的价值判断。

认知活动的初级阶段包含感觉与知觉，客观事物的外部特征（如颜色、大小、形状等）在人脑中产生的反映等人们对于客观事物的属性的认知组成了人的感觉。对于同一事物，不同的人不同的时间空间以不同的方法看待时得出的结论都不一样。同理，即使同一个人，不同的时间空间下以不同方式看待同一事物也会得出不同的结论。

对所接收到的信息进行分析、识别、分类选择等过程的需求产生了感觉。人通过"触、闻、听、看"等行为接收信息，通过这些行为能够获取大量的零碎信息，但其中只有一部分能够称为知觉。对事物的全面的反映就是知觉，知觉以感觉为基础。在接收到太多信息后，由于无法全部处理，所以一般情况下会放弃其他大部分信息，仅处理重要信息，这就称为选择注意（selective attention）：人无时无刻不暴露在诸多的刺激之下，众多刺激中一些与需求相关，一些与需求无关，人们一般会注意与需求有关的刺激，也会更注意所期望的刺激，严重偏离常规的刺激也会更容易吸引人的注意。

感知就是感觉和知觉的统称。客户的所有消费心理活动的基础即是感知心理活动。即使有时客户的感知会与现实客观情况不一致，但它也同样具有重要意义。

自20世纪70年代起，商家企业就不断在吸引顾客上激烈竞争，从最开始的注重产品到"以客户为中心"，最大限度令客户满意以提高客户忠诚度，到90年代提出了顾客感知价值。企业之间不断追求竞争优势，导致20世纪20年代以来，国外学者与企业专家等的研究焦点一直放在顾客感知价值上。迈克尔·波特[1]指出，竞争优势归根结底产生于企业能为顾客创造的价值。Woodruff[2]也认为："顾客感知价值是下一个竞争优势源泉。"20世纪90年代背景下最成功的竞争战略之一就是提升企业为客户提供优质价值的能力。企业如何通过把拥有的资源最大限度、有效地转化为顾客感知价值这一基点构建核心竞争力是企业不容忽视的问题。顾客感知价值不但为企业营销带来了新的进展，而且为企业商家构建核心竞争力提出了新的方案与路线。所以，企业竞争优势的根本就是为顾客提供优质的顾客感知价值，研究基于顾客感知价值条件下的企业核心竞争力提升，对于企业发展具有重要现实意义。

20世纪90年代以来，顾客感知价值吸引了越来越多学者的关注研究，也促成了顾客感知价值概念的不断完善。一般情况下，普通观点下认为顾客对感知的利得与利失（感知成本）进行权衡是顾客感知价值的核心。感知利失包括购买代价、获取成本、使用成本、运输、安装维护、修理以及购买失败和质量不符合预期等风险在内的顾客所面临的所有成本。感知利得则是包括产品购买与

---

[1] 迈克尔·波特.竞争优势[M].陈丽芳，译.北京：中信出版社，2014.

[2] WOODRUFF R B. Customer value: the nest source for competitive advantage[J]. Journal of the Academy of Marketing Science , 1997, 25 (2): 139-153.

· 第 2 章 理论基础·

使用中的物理属性、可获得技术支持、服务等在内的顾客可获得的有利属性。所以，利得不只是产品与服务的质量；利失也不仅仅是服务与产品的价格。在主观性的顾客感知下，顾客感知价值是由顾客决定，而不依赖于企业与商家。

Prahalad 等[1]把企业核心竞争力定义为"组织中的积累性学识，特别是关于如何协调不同的生产技能和有机结合多种技术流派的学识"，至此，企业核心竞争力理论被正式提出。此后不久，美国管理学家福克纳和鲍曼在此基础上指出，企业核心能力是公司专有的、优异的、扎根于组织之中的和适应市场机会的，更有可能实现可持续竞争优势，获得超平均水平利润的一种复合性、整合性的能力。所以，企业所具有的专有的技术、管理、能提供的服务等能力为企业竞争力核心。它还包括有号召力的品牌、强大的 R&D 梯队、提供高附加值的服务以及内部激发团队精神的管理模式等。

Slater 等[2]认为提供优质的顾客价值能够带来优异的企业绩效。Gale[3]认为要保持企业的核心竞争优势需要把顾客价值纳入竞争策略核心之中。Woodruff[4]也认为顾客价值是竞争优势的下一个核心。所以，顾客价值已然成为企业创造核心竞争优势的重要因素，是形成企业核心竞争力的动力，企业核心竞争力为顾客价值提供了可靠的保证，两者是一种互生共存的关系。

通过张辉等[5]人的实证研究分析可知，可以把顾客价值的驱动因素大致分成三类：第一类是产品的相关特性，它包括产品特征、产品范围、便于使用、

---

[1] PRAHALD C K, HAMEL G. The core competence of corporation[J].Harvard Business Review, 1990, 68(5-6):1-15.

[2] SLATER S F, NARVER J C. Competitive strategy in the market-focused business[J]. Journal of Market-Focused Management,1996,1(2): 159-174.

[3] GALE B T, SWIRE D J. Implementing strategic B2B pricing: Constructing value benchmarks[J]. Journal of Revenue and Pricing Management,2012,11(1): 40-53.

[4] WOODRUFF R B. Customer value: The next source for competitive advantage[J]. Journal of the Academy of Marketing Science,1997,25(2): 139-153.

[5] 张辉. 基于顾客价值的服务营销研究：以家电流通业为例 [D]. 天津：南开大学,2006.

产品一致性等；第二类是服务相关特性，包括供应的可靠性与敏捷性、快速响应、技术支持、产品创新、技术手段等；第三类是与促销相关的特性，包括个人关系、公司可靠程度、公共关系、企业形象、上层整合等。对顾客进行调研发现，在顾客价值众多的驱动因素里，产品或服务的质量的主动作用远高于价格的驱动力，产品或服务的质量占比63.3%，价格占比36.7%，这说明在工业品市场中，顾客相对于价格来说会更看重质量，敏感性明显更偏向于产品或服务质量。在诸多构成产品质量的具体要素中，产品一致性、技术特性、使用方便性以及完品范围分别占比19.8%、18.4%、4.9%和3.0%；在与服务相关联的特性中，交付速度与产品可靠性有最强的效果，占比为7.8%，其次是技术支持与运用、快速服务与响应、产品创新和技术信息提供，驱动能力的重要性占比为6.8%、6.5%、3.7%和2.3%；而在促销相关因素中，公司的可靠性驱动能力最强，重要性占比为6.9%，其次为个人关系和ISO 9001认证，重要性占比分别为4.1%和2.9%。综上可知，仅把焦点放在产品质量与传递有意顾客感知价值是不够的，要深入了解顾客偏好，与顾客进行持续性互动，探究顾客价值的关键因素以及动态变化情况，清晰地了解顾客在购买服务或产品时考虑得失的方式，得出对顾客而言最重要的价值领域，考察这些价值领域的影响因素。全方位地了解目标顾客的价值，才能高效地帮助企业提升自身核心竞争力。

2.1.2 体育领域中的感知价值研究

2.1.2.1 维度划分

国内早在十多年前就基于感知价值在体育领域中进行了研究，仇志云等[①]依据顾客价值理论，吸取了Zaithamal的SERVQUAL量表，设计出商业健身俱乐部顾客感知价值调查问卷。再对健身俱乐部的顾客感知价值现状整合分析，经过因子分析得出商业健身俱乐部顾客价值的6个构成要素，它们分别是"服务价值""情感价值""消费成本""功能价值""产品价值""期望价值"。

---

① 仇飞云，邹玉玲.商业健身俱乐部顾客价值研究[J].体育文化导刊，2009（10）：79-84.

王斌等[①]探讨竞猜型彩民购买彩票感知价值的结构特点，基于扎根理论研究得出竞猜型彩民感知价值结构包括丰富生活、体验刺激、热爱体育、社交寻求、提高认可、积累经验、增加知识、赛事信息、价格合理、投资回报、物有所值、参与公益、体育发展和责任担当等14个核心范畴，感知价值概念模型包括情感价值、社会价值、认知价值、经济价值和公益价值等5个维度。汪子文等[②]结合体育节庆旅游基本属性，构建游客体验体育节庆旅游的感知价值问卷，并根据量表以潍坊国际风筝会为例进行实证研究。根据数据统计：游客体验体育节庆旅游感知价值维度主要包含以下五个因子：休闲娱乐价值、服务价值、情感价值、情景价值以及文化认知价值。研究发现：作为体育旅游与节庆旅游分支的一种，体育节庆旅游除了一般旅游节庆的感知价值维度外，还体现出体育节庆主题旅游的自身的特殊性。对体育节庆旅游体验的感知价值维度进行探索研究，可为体育节庆旅游活动与策划营销给出参考性理论，丰富体育旅游市场营销和旅游消费心理学等基本理论。

2.1.2.2 体育赛事

朴勇慧[③]通过对研究变量进行解构，对赛事赞助、品牌形象进行清晰界定，指出竞争赞助行为对于企业赛事赞助的影响作用。进而以品牌资产的高、低为研究切入点构建模型，重点探讨了两个问题：首先是赛事赞助对企业品牌形象的影响；其次，分析不同品牌企业竞争赞助行为的调节作用。研究发现，赛事赞助有助于提升企业品牌形象，低品牌资产企业间的竞争赞助行为能够提升品牌个性，企业间的竞争赞助行为会降低感知价值的认知，其中对于企业的影响较大的是低品牌资产企业的赛事赞助。为改善山东省大型体育节庆活动存在创

[①] 王斌，郭冬冬，刘炼，等．基于扎根理论的竞猜型彩民购彩感知价值概念模型研究[J]．天津体育学院学报，2015，30（4）：292-297．

[②] 汪子文，邓建伟，高嵩．感知价值视角下体育节庆旅游体验研究：以潍坊国际风筝会为例[J]．山东体育学院学报，2014，30（3）：22-27．

[③] 朴勇慧．赛事赞助对企业品牌形象影响的实证研究：竞争赞助行为的调节作用[J]．体育科学，2011，31（10）：21-34+97．

新动力不足，后期发展乏力；运营管理专业化水平较低，产业化程度不高；节庆服务质量低下，生态环境有待改善；民俗体育功能异化，群众基础逐渐流失等问题，邓建伟等[1]建议增强对受众感知价值的关注，提升节庆品牌管理意识，走"整体性保护"的发展之路，鼓励城乡共同参与，旨在促进体育节庆活动品牌的可持续发展，并为体育节庆活动的相关机构、组织等提供借鉴和参考。赵赟等[2]通过实证构建了模型检验职业网球赛事品牌形象对品牌忠诚的影响，以及感知价值、信任的中介效应。他们的实验表明：网球赛事品牌形象、感知价值与信任对于品牌忠诚具有正向影响，另外，感知价值、信任在品牌关系与品牌形象之间起到中介作用，证明了职业网球赛事品牌管理路径模型包括品牌形象、感知价值、信任、品牌忠诚；感知价值与信任在品牌形象对品牌忠诚影响中有部分中介作用，加强感知价值、信任的中介路径管理对提高影响效应更为明显。王飞等[3]基于认同理论，运用Bootstrap、线性回归方法展开赛事认同对标志性体育赛事发展影响机理的实证研究。结果显示：感知价值在赛事认同与赛事管理服务的影响关系间具有部分中介作用，证明了赛事认同与标志性体育赛事发展的关系路径，将为促进我国标志性体育赛事高质量发展提供理论参考与实践支撑。

2.1.2.3 国外：主要是运动员训练

Zinsser等[4]早在1992年就研究了高水平和低水平的意象练习感知价值和参与认知干预（坚持增强计划）对坚持运动特定意象的影响，其中，感知价值由

---

[1] 邓建伟，赵晚霞.体育节庆活动品牌发展研究：以山东省大型体育节庆活动为例[J].武汉体育学院学报，2014，48（5）：39-44.

[2] 赵赟，李荣日.职业网球赛事品牌形象对品牌忠诚影响研究：感知价值和信任的中介效应[J].沈阳体育学院学报，2019，38（5）：62-70.

[3] 王飞，张瑞林.赛事认同对标志性体育赛事发展影响的实证研究：基于多中介的调节模型[J].武汉体育学院学报，2021，55（12）：56-64.

[4] ZINSSER N W. The effects of a cognitive intervention and perceived value on adherence to imagery practice[D]. Virginia: University of Virginia, 1992.

运动员形象感知价值量表（perceived value of imagery for athletes inventory）测量，该量表是为本研究设计的一种工具，旨在确定运动员在何种程度上认为形象练习将提高他们在运动中的表现和满意度。Huh 等[1] 探讨知觉价值与参与动机对游泳依从性的影响。研究结果证明，游泳的知觉价值与收入知觉价值有显著差异，工作对感知价值的影响无显著差异，参与动机和参与坚持度在收入和工作方面存在显著差异，在参与、动机和坚持方面没有发现差异。此外，感知价值的卓越性和便利性因子对参与坚持有显著影响。Boardley 等[2] 考察了目标取向和韧性感知价值对足球运动中对对手和队友的反社会行为的影响，以及道德推脱是否在这些影响中起中介作用。结构方程模型表明，自我取向对反社会行为有正向影响，任务取向对反社会行为有负向直接影响。此外，韧性的自我取向和感知价值对对手和队友的反社会行为有间接正向影响，道德推脱起到中介作用。Sanchez 等[3] 分析了体质与体育课感知价值之间的关系。将儿童分为"中高体育感知价值"和"低体育感知价值"两组，用实际测试来测量身体表现。体育教育感知价值高与有氧适能、敏捷性和下肢力量相关，而性别和体重状态之间无差异。身体健康状况影响儿童对体育课的感知价值。Kunkel 等[4] 通过概念化和测量影响感知价值消费者与其喜爱的运动队游戏关联的维度，并测试这种感知价值对他们对运动队的满意度和承诺的解释能力。结果表明：功能价值、社会价值、情感价值、认知价值和经济价值五个维度反映了消费者对体育团队

---

[1] HUH, JIN-YOUNG, CHOI, et al. Effects of perceived value and participant motivation on swimmingadherence[J]. Korean Journal of Sports Science, 2008, 17(1): 235-246.

[2] BOARDLEY, DAVID I, KAVUSSANU, et al. Effects of goal orientation and perceived value of toughness on antisocial behavior in soccer: The mediating role of moral disengagement[J]. Journal of Sport & Exercise Psychology, 2010, 32(2): 176-192.

[3] EDL CRUZ-SÁNCHEZ, PINO-ORTEGA J, A DÍAZ-SUÁREZ, et al. Physical fitness affects perceived value of physical education classes in children[J]. Procedia-Social and Behavioral Sciences, 2011, 30: 1777-1781.

[4] KUNKEL T, DOYLE J P, BERLIN A. Consumers' perceived value of sport team games-A multidimensional approach[J]. Journal of Sport Management, 2017, 31(1): 80-95.

游戏的感知价值维度，这些感知价值维度是预测消费者对他们最喜欢的团队的满意度和承诺。García等[1]研究了连锁健身中心的服务便利性和低成本健身中心的两种特性，探讨了感知质量和服务便利性与感知价值、满意度和顾客忠诚度之间的关系，并证明这些变量之间存在着积极的关系，客户忠诚度可能取决于这些新兴的体育模式的因素。

2.1.2.4 消费者行为

刘圣文[2]基于国家探索发展竞猜型体育彩票的现实背景，从消费价值理论视角出发，创建了竞猜型体育彩票消费者的多维感知价值结构，并引入互联网赛事资讯变量，构建了影响竞猜型体育彩票消费者购彩行为的结构方程模型，实证分析感知价值影响竞猜型体育彩票消费者购彩行为的内在作用机理。结果表明，感知价值对购彩行为、感知价值对互联网赛事资讯、互联网赛事资讯对购彩行为3条路径均呈正向影响关系。吕兴洋等[3]对专业性体育用品销售中的体育明星代言平面广告对消费者决策的影响进行分析探究得出其影响及其内在原理。实验结果表明：被试者对专业性体育用品的价值感知是其购买决策的重要影响因素，体育明星代言平面广告并不是在所有情况下都能影响被试对专业性体育用品的价值感知并作出购买决策，而是会受到其他调节因素的影响；有无参照物对体育明星代言平面广告宣传效果和被试者对专业性体育用品价值感知与购买决策起到显著的调节作用。刘雷等[4]构建电竞用户对电子竞技的感知

---

[1] J GARCÍA-FERNÁNDEZ, P GÁLVEZ-RUÍZ, J FERNÁNDEZ-GAVIRA, et al. The effects of service convenience and perceived quality on perceived value, satisfaction and loyalty in low-cost fitness centers[J]. Sport Management Review, 2018, 21(3): 1441-3523.

[2] 刘圣文. 多维感知价值对竞猜型体育彩票消费者购彩行为的影响研究：基于互联网赛事资讯的中介模型[J]. 天津体育学院学报，2019（1）：7.

[3] 吕兴洋，郭璇，刘悦. 体育明星代言的专业性体育用品平面广告对消费者购买决策的影响研究：以网球拍平面广告为例[J]. 首都体育学院学报，2019，31（3）：215-220.

[4] 刘雷，史小强. 我国电子竞技用户参与行为意愿的影响机制研究[J]. 山东体育学院学报，2021，37（1）：48-57.

价值、感知风险、社会认同与其电子竞技参与行为的关系模型，探讨电子竞技用户参与行为意愿的影响机制。结果主要发现：用户对于电子竞技的感知价值和社会认同对其参与电子竞技的行为意愿有非常显著的正向作用；电子竞技感知价值、感知风险和社会认同分别是电竞用户参与行为产生的主导因素、阻碍因素和中介因素。赵泓羽等[①]围绕全民健身网球赛事参与动机对行为意向的影响作用这一主线，引入沉浸体验与感知价值两个重要的中介变量，构建并检验了赛事参与动机对个体行为意向的理论模型与实践样态。结果显示：参与动机、沉浸体验、感知价值均显著正向影响全民健身网球行为意向；沉浸体验与感知价值在全民健身网球赛事参与动机影响行为意向过程中呈现多重中介效应。

2.1.2.5 满意度

李可[②]通过顾客满意度测评的方法研究体育服务管理问题，首先对顾客满意度概念、内涵、背景和满意度评价做了详细说明，提出在体育服务领域的研究意义，将感知价值作为模型的中介变量，在理论研究的基础上，还对体育服务业的服务状况进行了实证调查研究，对调查结果进行了满意度测评。陈旸等[③]尝试引入顾客满意理论，建立了社区体育服务居民满意度指数模型，形成了一套测评社区体育服务居民满意度的理论和方法。使用"满意度－重要度"四分图进行分析社区体育服务的发展实况，据此提出促进社区体育服务发展的对策建议。翁银等[④]为实现政府购买公共体育服务的成效与消费者满意度的提升，从软服务、硬服务2个维度探寻依赖关系非竞争购买模式下的公共体育服

---

① 赵泓羽，李荣日.全民健身网球赛事参与动机对行为意向影响的理论模型与实践样态[J].沈阳体育学院学报，2021，40（6）：56-64.

② 李可.基于顾客满意度方法理论的体育服务管理研究[J].北京体育大学学报，2008，31（12）：1612-1615.

③ 陈旸，马葛生.社区体育服务居民满意度指数模型实证研究[J].中国体育科技，2009，45（4）：133-137.

④ 翁银，李凌，周文静.依赖关系非竞争购买模式下公共体育服务满意度的影响研究[J].天津体育学院学报，2017，32（6）：541-546.

务，从中深挖消费者满意度的影响路径效果。认为依赖关系非竞争购买模式下的公共体育服务要实现消费者满意度的提升，就应具体分析消费者实际感知质量对满意度的效果，是提升消费者公共体育服务满意度的关键，而感知价值是提升消费者服务满意度的关键因素。蔺浩等[1]借助"顾客满意度"理论，构建高校体育教育学生满意度测量量表，各变量的均值及差异性对比分析结果表明，学生对高校体育教育的"感知质量""感知价值"和"总体满意度"评分偏低，男生评分低于女生；结构方程模型分析结果表明，"体育硬件"对"总体满意度"有直接和间接的影响，"体育教学"通过中介变量"感知价值"对"总体满意度"有间接的影响。王旭等[2]基于高介入效果层级的 ABC 态度模型理论，通过引入感知价值、感知风险、购彩信任、购彩依恋、购彩满意度和重购行为六个变量，构建了竞猜型体育彩票消费者重复购彩行为模型，并检验了彩民的购彩认知过程和情感过程对其重购行为的影响以及彩民情感过程的中介作用。研究结果表明：彩民感知价值和感知风险分别对其购彩信任、购彩依恋、购彩满意度和重购行为产生正向和负向影响，与感知风险相比，感知价值的影响程度更高。

Chiu 等[3]探讨健身中心顾客公民行为（CCB）在价值共同创造中的作用，并探讨健身中心顾客公民行为与顾客感知价值、满意及再购买意愿之间的关系。结果表明，健身对感知价值和满意度有正向影响，感知价值和满意度对再

---

[1] 蔺浩,李杉,肖洪.基于 SEM 的高校体育教育学生满意度研究[J].西南师范大学学报（自然科学版），2019，44（6）：110-115.

[2] 王旭,李凌.竞猜型体育彩票消费者认知对重购行为的实证研究：基于情感的中介效应[J].山东体育学院学报，2021，37（1）：29-37.

[3] CHIU W, SHIN S, LEE H W. Value co-creation in fitness centers: The role of customer citizenship behavior on perceived value, satisfaction, and repurchase intention[J]. Handbook of research on strategic alliances and value co-creation in the service industry. IGI Global, 2017: 415-430.

购买意愿有正向影响，感知价值对满意度有正向影响。Fernández 等[1]分析了服务便利性、感知价值、满意度与低成本健身中心顾客特征之间可能存在的差异，并确定是否与顾客忠诚度有关系。采用问卷方式对服务便捷性、感知价值、满意度和未来行为意图或忠诚度进行测量。结果显示，服务便利性在性别、年龄、通勤时间等方面存在显著差异。此外，各变量之间存在正相关关系，忠诚度的关系最强，其次是满意度，其次是服务便利性。这项研究的结果带来了对现实的低成本健身中心消费者的理解，这可能会被外推到其他国家的新兴健身产业。

2.1.2.6 忠诚度

王翔宇等[2]选取体育用品市场份额国内占比最高的 Nike 与 adidas 两家企业为研究对象，分析了企业品牌全球化形象、多维感知价值对顾客忠诚的影响机制，以及消费文化接受度的调节作用。研究发现：品牌全球化形象对多维感知价值中的功能价值、情感价值与社会价值产生了积极影响；品牌全球化形象对顾客忠诚有积极正向影响；多维感知价值中的功能价值与情感价值对顾客忠诚起到了积极影响；消费文化接受度在体育用品消费者感知到的品牌全球化形象与顾客忠诚之间起到了部分调节作用。荀阳等[3]探究影响我国消费者观赏型体育消费忠诚度的内部驱动机制，在体育消费行为领域相关研究基础上，结合营销学中的产品涉入理论和感知价值理论，以产品涉入为关键变量，通过结构方程模型构建并检验了观赏型体育消费忠诚度的影响机理模型，分析产品涉入对观赏型体育消费忠诚度的直接与间接影响。研究发现，反映产品涉入程度的

---

[1] J GARCÍA-FERNÁNDEZ, P GÁLVEZ-RUIZ, VELEZ-COLON L, et al. Service convenience, perceived value, satisfaction, and loyalty: A study of consumers from low-cost fitness centers in Spain[J]. Journal of Physical Education & Sport, 2016, 16(4): 1146-1152.

[2] 王翔宇，高扬. 体育品牌全球化形象对顾客忠诚的影响研究[J]. 江西社会科学，2020，40（11）：188-197+256.

[3] 荀阳，宋丽颖，黄谦，等. 产品涉入作用下的观赏型体育消费忠诚度影响机理研究[J]. 西安体育学院学报，2020，37（6）：696-704.

赛事吸引力、符号价值和生活中心性会对消费者的观赏型体育消费忠诚度产生直接正向影响,并通过正向影响消费者的感知价值间接对其观赏型体育消费忠诚度产生促进作用。许彩明等[1]以消费者品牌忠诚度为中介,结合结构方程实证分析,研究了我国民族体育用品品牌资产提升实施路径。研究表明,民族体育用品企业品牌资产价值体现于消费者品牌忠诚度;消费者民族体育用品感知价值正向影响其满意度,消费者满意度正向影响其民族体育用品品牌信任,消费者品牌信任正向影响其品牌忠诚度,消费者个人民族情感动机既可以通过正向影响其品牌感知价值,进而影响其品牌忠诚度,也可以直接正向影响品牌忠诚度。

Najafzadeh[2]探讨大不里士地区之健身俱乐部与顾客忠诚度之关系。研究结果表明,服务质量与顾客忠诚度感知到的价值之间存在简单的关系。简单的线性回归也表明感知到的服务质量和顾客忠诚度都很好。

2.1.3 在网络健身领域中的研究

信息技术的快速发展带来了网络时空交叉、信息一体化等特点,使更多的人将成为网络生活的一部分。以体育活动和体育锻炼为主要兴趣的体育虚拟组织应运而生并迅速发展起来。国内这部分的研究较少,国外的学者对虚拟健身这一领域已经展开研究。

Qiang 等[3]分析了体育虚拟组织成员的感知价值及其对行为的影响。结果表明:体育虚拟组织成员的感知价值要素包括情感价值要素和成本价值要素等

---

[1] 许彩明,于晓明,孙晋海.基于顾客忠诚度的我国民族体育用品品牌资产提升路径研究[J].西安体育学院学报,2016,33(3):317-323.

[2] NAJAFZADEH M R, SHIRI F. The relationship between service quality and perceived value with customer loyalty and aerobic fitness clubs in tabriz[J]. International journal of physical education, sports and health, 2015,1(6): 69-73.

[3] QIANG L I, UNIVERSITY S N. The relationship between perceived value and behavioral intention for sports virtual organization members[J]. Journal of Shaoguan University, 2017, 38(6): 88-92.

5个要素，提出了加大政府支持力度、强化认知价值等解决策略。Kwok 等[1] 开发了一个虚拟教练系统（VTS），鼓励用户定期进行简单的锻炼。采用设计科学的方法开发 VTS，以激励用户进行锻炼。结果导向的提醒能增强对健康风险的感知和锻炼价值的感知，而虚拟教练员吸引力的影响不显著。运动感知价值与运动参与呈正相关，运动参与与工作生产率呈正相关。研究结果为健身公司为用户设计在线运动训练提供了意见，社会意义 VTS 可以促进有规律的锻炼和健康的生活。本研究表明，交互式虚拟代理可以激励用户定期锻炼。Arroyo 等[2] 试图了解消费者对服务体验、感知价值和行为意愿的评估的重要性和必要性，以及这些变量与群体健身班（GFC）和虚拟健身班（VFC）之间的关系。分析表明，服务体验对顾客感知价值和行为意向有显著的正向影响，整体客户对 GFC 和 VFC 的感知可以成为健身中心管理者关注的焦点，以改善与健身行业新技术相关的健身服务供应，增加再购买意愿。

Baena[3] 对实体健身和虚拟健身这两种活动中的感知价值和顾客满意度进行分析，探讨两者之间的差异和两个变量之间的关系，结果表明，两种体育服务的感知价值与满意度存在显著差异，要求教练员参与的体育项目获得的正向价值更高。此外，客户满意度表现出对感知价值的依赖，在虚拟健身活动中获得的联系更强。此外，该学者[4] 还对参与虚拟健身课堂的健身者进行分析，分

---

[1] KWOK C W, LEUNG A, HUI S C, et al. Virtual trainer system: A tool to increase exercise participation and work productivity[J]. Internet Research, 2021, 31(3): 892-910.

[2] ARROYO M, RUIZ P G, OLIVER A, et al. The relationship among service experience, perceived value and behavioural intentions of customers in a group fitness class[J]. Revista De Psicologia Del Deporte, 2016, 25(1): 89-92.

[3] BAENA-ARROYO M J, GARCÍA-FERNÁNDEZ J, BERNAL A, et al. Perceived value and customer satisfaction in vitual fitness and trainer-guided group activities in fitness centres[J]. Revista de Psicologia del Deporte, 2016, 25(2): 219-227.

[4] BAENA-ARROYO M J, GARCÍA-FERNÁNDEZ J, GÁLVEZ-RUIZ P, et al. Analyzing consumer loyalty through service experience and service convenience: Differences between instructor fitness classes and virtual fitness classes[J]. Sustainability, 2020, 12(3): 828.

为低成本、中型和精品商业模式，分析了服务体验、服务便利性、服务满意度与未来意向之间的关系。结果显示，在教练健身课程中，所有的变量都呈现正相关关系，表明虚拟健身课程的加入，增加了消费者可获得的服务，延长了消费者锻炼的时间，并导致客户服务的可变性更大。

2.2 沉浸理论
2.2.1 沉浸理论的概念

沉浸理论是一种关于人的心理状态和交互体验的心理学理论，由美国心理学家Csikszentmihalyi[①]提出。它解释了当一个人进入沉浸状态，即当他们从事一项活动时，他们高度专注，并且过滤掉不相关的感受，完全浸入到情景中。早期的沉浸理论认为挑战这一因素是影响浸入的主要原因，当挑战难度太大时，人们对环境缺乏控制，容易焦虑、紧张和沮丧；当挑战的难度太小时，人们会再次感到无聊。因此，无论挑战难度太高或太低，都不能产生有效的安静状态。研究表明，沉浸感的产生虽然具有跨活动、跨性别、跨年龄、跨阶级、跨文化性，但也有一些同样的特性。Csikszentmihalyi和澳大利亚学者杰克逊将沉浸感总结为九大特性、三大过程：①事前过程：明确即时的反馈、目标明确、平衡挑战与技能；②体验过程：融合行为和意识、专心一致、潜在的主控感；③结果阶段：时间的错觉、自我意识削减、主动参与感。研究结果随着体验的逐渐深入以及与不同领域的交叉渗透，将不断再细分、再拓展。

随着计算机、互联网、5G等通信信息技术的发展，沉浸理论更多的是对人机互动的讨论，虚拟现实与实际相融合的各种活动方式，成为沉浸理论的研究重点。虚拟现实技术具有交互性、多感知性、存在感和自主性的特征。虚拟现实技术旨在通过专业设备生成逼真的图像，以刺激用户在计算机模拟的虚拟环境中的真实存在感。近年来，随着虚拟现实技术的发展，虚拟现实技术广泛

[①] JOAR VITTERSØ, MIHALY CSIKSZENTMIHALYI. Finding flow. The psychology of engagement with everyday life[J]. Journal of HAppiness Studies, 2000, 1(1): 121-123.

应用于各大领域。申启武等[①]认为，营造沉浸感是虚拟现实的基础，虚拟现实技术凭借延时、显示器刷新率和陀螺仪刷新率三大关键技术，来提升用户的视觉自主性和心流体验。用户使用虚拟现实设备进行健身活动时出现的心理状态，包括时间扭曲、沉浸其中等，就是沉浸理论的内容，用于描述用户在进行虚实融合健身活动时，使用技术手段产生的满足感。

2.2.2 在体育领域中的研究

根据之前 Csikszentmihalyi 总结的沉浸感的九大特征三大阶段，其他的研究者对于沉浸理论在体育运动中的应用进行了更加深入的研究。根据体育运动的具体行为结合沉浸感理论的三大阶段，将三大阶段进行了精细的划分。

事前阶段的沉浸体验要素包括：①时空自由；②符合外观审美；③明确的目标；④技能与挑战匹配。廖诗奇等人[②]在研究过程中发现，时间和空间上的自由使得用户愿意坚持在家健身，这可以在一定程度上缓解健身焦虑，因为规避了健身时段有矛盾、天气或突发事件等不确定因素产生的麻烦；在外观上，"小而美"不仅是紧凑型家居空间中灵活轻巧产品的要求，也是现代美学的体现；明确的目标在个人激励和反馈激励中意义重大，为实现标准目标的导向越明确，激励越强，激励效果越好；技能与挑战的匹配直接影响到每一项具体的健身活动，并具有一定的文化差异。

经验阶段的沉浸体验要素为：①情景属性；②行为意识统一；③潜在控制感；④注意集中；⑤明确及时的反馈。情景属性在健身活动中，是营造氛围、吸引用户注意力的重要沉浸体验要素。丰富有趣的虚拟内容情节以及具有运动氛围的适宜物理环境更有利于用户获得五感刺激，从而达到沉浸体验最优状态。在健身过程中，行为意识的统一对要求使用者具有较好的技术储备和动

---

① 申启武，李颖彦.感知边界的革命：论虚拟现实的沉浸感营造及其认同建构[J].现代传播（中国传媒大学学报），2021，43（1）：92-97.

② 廖诗奇，沈杰.心流理论下的家庭智能健身产品创新设计思考[J].设计，2020，33（23）：141-143.

作流畅性，较高的技能体验值可以实现行为意识的高度统一。明确及时的指导与反馈和适当的训练目标在健身运动中对补充行为意识统一十分重要，潜在的掌控感与任务技能的定期增加关系密切。在心理学的"知觉控制"概念中，个体与外部环境的互动模式主要是认知—感知和刺激—反应模式。也就是说，在产品使用的早期阶段，用户的初始认知会受产品的自我展示影响，从而成为感知体验的基础，如成为产品控制的操作流畅性和信息的安全性及保密性等的基础；当受到来自客观健身数据的反馈或健身技能改变的刺激时，用户会做出积极或消极的反馈，积极的反馈会形成潜在的控制感。清晰及时的反馈有助于提高用户在健身活动过程中的注意力；专注不仅是沉浸体验的条件，也是最佳沉浸体验的外在表现。

效果阶段的沉浸体验要素有：①自我意识的弱化；②时间的幻觉；③真正的参与感。这三个因素是衡量沉浸体验的重要维度。当用户参与到健身活动中，注重目标明确地完成健身任务，在适当的互动和反馈过程中获得经验和技能，感受来自自身的改变，忘记时间达到忘我状态，从而获得内心的满足，在最佳沉浸体验的驱动下，主动参与下一次活动，形成良性循环。

2.2.3 在网络健身领域中的研究

随着国民经济水平的提高，人们对健康问题的重视，以及颜值经济的爆发，人们对健身的需求日益升温。探索更专业的智能健身产品和服务，对健身产品的智能化发展产生了一定的影响，其受众比例正朝着良好的方向发展。在市场触角延伸到细分健身场景的背景下，从线上线下结合的健身场景入手，实现低门槛健身，充分发挥健身人群基数优势，是完成健身产业转型的主要途径之一。健身是人们自觉主动改善自身机理的一种行为方式，目前按照内容划分的健身活动分以下三种：有氧运动、拉伸运动和器械运动。依据健身的定义来分，又有以下三个特征。

（1）突破适应。健身人群有这样一个特征，身体在达到一定的健身强度时，这种特定的刺激方式和节奏会被身体所适应，在这之后就要通过调整训练强度，使得身体获得新的刺激，才会持续训练效果。

（2）超负荷运动。健身本身就是一种具有挑战性的行为，体感交互的特点在于，其游戏特性会让用户在健身过程中成为个人优化的障碍。

（3）循序渐进。不管用户是在健身房健身，还是通过当下流行的健身类App达到训练效果，健身运动过程流程化、循序化的特点都要被遵循，只有用户一步步地增加训练强度，才能实现最优的健身效果。[①]

在健身锻炼方面，健身工作者在第一次运动后往往会感到肌肉酸痛和身心疲劳，但自控力和感知力在一段时间的持续锻炼后，会随着健身锻炼而不断增强。通过日益增加训练目标的难度和强度，他们可以达到内部意识控制外部身体的状态，这种良性循环过程是最明显的沉浸体验。沉浸理论主要用于提升用户情绪和提高其精神状态。通过对使用健身App的用户的调查，陈金亮等[②]学者发现，与沉浸感有关的词汇包括：目标实现、及时反馈、情景沉浸感、挑战、娱乐性、互动性、实时监控、有效性、专注力、成就感和再体验。沉浸式体验是用户体验的最佳状态。应用健身App的用户体验一般包含感官体验、互动体验和情感体验，不同的体验阶段对应不同的体验特征。设计师应该调查用户使用健身App的行为，提取用户在不同体验过程的体验特性，分析相应的设计元素，对能够激发沉浸感的因素进行总结。王霞[③]等学者在心流理论的基础上，将VR动感单车作为研究对象，改进了八角形行为分析方法，产品设计按照新的设计方法进行，认为虚拟产品健身软件设计应当包含目标、反馈和挑战这三个要素，他们基于沉浸理论进行了VR动感单车产品设计，以增强用户黏性，并为类似产品设计提供建议和思路。

---

① 严资情，张宇红. 面向健身的体感交互行为设计研究[J]. 设计，2017（5）：134-136.

② 陈金亮，赵锋，张倩. 基于心流理论的健身App设计研究[J]. 包装工程，2018，39（18）：146-153.

③ 王霞. 基于心流理论的VR动感单车设计研究[D]. 天津：河北工业大学，2020.

2.3 转换成本理论

2.3.1 概 念

转换成本（conversion cost）又称转移障碍，1980年由Porter[1]首次提出，转换成本是消费者从一个产品或服务提供商转换到另一个产品或服务提供商时必须支付的一次性成本，包括时间、金钱和心理上的成本。1996年，Gremler[2]将转换成本定义为，客户在更换服务提供商时产生的实际或感知的经济或非经济成本。2002年，Jones等[3]指出，转换成本是消费者认为自身将在转换商品或服务的供应商时，可能需要付出的代价。2003年，Burnham等[4]对转换成本下定义，认为客户从一个供应商转换到另一个供应商的过程中相关的一次性成本即为转换成本。2006年，桑辉等[5]指出，转换成本即客户将当前在使用的产品和服务的供应商改变为另一供应商时损失的某种成本或资源。综上所述，转换成本的定义大体上是一致的，即顾客对同类产品或服务的不同供应商之间进行重新选择时产生的一次性成本。

但是涉及转换成本的细分时，还存在不同的声音。Fornell[6]将转换成本划

---

[1] PORTER M. Industry structure and competitive strategy: Keys to profitability[J].Financial Analysts Journal, 1980, 36(4): 30-41.

[2] GREMLER D D, BROWN S W. Service loyalty: Its nature, importance and implications, advanncing service quality[J]. AGlobal PersPective, 1996: 171-180.

[3] JONES M A, MOTHERSBAUGH D L, BEATTY S E. Why customers stay: Measuring the underlying dimensions of services switching costs and managing their differential strategic outcomes[J]. Journal of Business Research, 2002, 55(6): 441-450.

[4] BURNHAM T A, FELS J K, MAHAJAN V. Consumer switching costs: A typology, antecedents, and consequences[J]. Journal of the Academy of MarketingScience, 2003, 31(2): 109-126.

[5] 桑辉，井淼. 顾客转换成本：营销新理念[J]. 市场营销导刊，2006（2）：44-45.

[6] FORNELL, C. A National customer satisfaction barometer: The swedish experience[J].Journal of Marketing, 1992, 56: 6-21.

分为学习成本、交易成本和合同成本三种类型；Klemperer[1]将转换成本划分为兼容成本、交易成本、学习成本、不确定性成本、合同转换成本、心理成本六种类型；Burnham等[2]认为程序型转换成本、财务型转换成本及社会型转换成本这三种类型的成本构成转换成本；薛丹杰等[3]指出，转换成本包括经济风险成本、评估成本、学习成本、安置成本、利润损失风险、金融损失成本、人际关系损失成本、品牌关系成本八种类型；霍光[4]指出，网络商店客户转换成本包括风险成本、过程成本和财务成本三种类型。

2.3.2 在体育领域中的研究

转换成本运用于体育领域中，研究者大多将其作为不同运动形式对实验对象转换功能实现程度高低的测量值，转换成本被认为是大脑在执行运动过程中，从两个运动任务中转换转向执行一个新的任务时速度会变慢并容易出错的现象，也即转换和非转换任务各自反应时间的差值。[5]Di Russo等[6]的研究认为，开放式运动可以通过促进运动反应的稳定性和灵活性来部分补偿执行控制障碍，而封闭式运动的转换成本更高。Tsai CL等[7]研究表明，开放性技能运动

---

[1] KLEMPERER P. The competitiveness of markets with switching costs[J]. Rand Journal of Economics, 1987, 18(1): 138-150.

[2] BURNHAM T A, FRELS J K, MAHAJAN V. Consumer switching costs: A typology, antecedents, and consequences[J]. Journal of the Academy of Marketing Science, 2003, 31(2): 109-126.

[3] 薛丹杰，袁鹏程，干宏程.铁路乘客线上购票意愿影响因素实证研究[J].物流科技，2018，41（11）：78-81+99.

[4] 霍光.网络商店客户转换成本量表开发[J].中国经贸导刊（中），2019（9）：77-81.

[5] MEIRAN N, CHOREV Z, SAPIR A. Component processes in task switching[J]. Congnitive Psychology, 2000, 41(3): 211-253.

[6] DI RUSSO F, BULTRINI A, BRUNELLI S, et al. Benefits of sports participation for executive function in disabled athletes[J]. Journal of neurotrauma, 2010, 27(12): 2309-2319.

[7] TSAI C L, WANG W L.Exercise-mode-related changes in tasks-witching performance in the elderly[J].Front Behave Neurosci, 2015(9): 56.

转换反应快于封闭性技能运动，且其特定的转换成本也低于封闭性技能运动。Hung 等人[1]指出开放技能选取羽毛球运动时，血清 BDNF 水平会在羽毛球运动过程中明显提高，羽毛球运动的整体转换成本便会明显降低。国内研究经常将运动时的执行功能结合转换成本进行实验研究。胡然[2]对体力活动水平不同的老人在保持何种运动类型方面进行研究，结果显示，高体力活动水平的老年人进行开放运动，中等体力活动水平的老年人进行闭锁运动时，转换成本反应时差值表现最好。苏文[3]对小学生进行羽毛球运动设置不同的干扰对照组，结果显示，通过增强主动和被动控制，运动者的转换成本在参与羽毛球运动过程中降低，转换能力会随着运动者精神疲劳而下降。

2.3.3 在网络健身领域中的研究

转换成本运用于网络健身中，国外还未有相关研究，国内研究主要集中于网络健身平台间用户转换成本的探讨，且相关研究不多。刘雪宁等[4]以安迪·格鲁夫六力分析模型为基础，对体育运动类 App 的现存竞争者、供货商、客户、潜在竞争者、产品和服务、协力业者这六个要素进行分析，结果显示，通常用户从一个运动类 App 转换到另一个运动类 App 转换成本较传统健身房低得多。当用户从正在使用的健身 App 切换到其他类型的健身 App 时，通常会遇到各种问题并产生一些转换成本。例如，用户不好适应新界面的风格，不习惯新应用功能的使用，自己的需要在新的健身应用中难以得到满足。用户在这个转换

---

[1] HUNG C L, TSENG J W, CHAO H H, et al. Effect of acute exercise mode on serum brain-derived neurotrophic factor (BDNF) and task switching performance.[J]. Journal of clinical medicine, 2018, 7(10):301-312.

[2] 胡然. 体力活动水平及运动类型与老年人执行功能的关系研究[D]. 上海：上海体育学院，2021.

[3] 苏文. 羽毛球运动对小学生执行功能的影响研究[D]. 上海：上海体育学院，2021.

[4] 刘雪宁，杨升平. 基于六力分析模型的体育运动类 App 竞争力分析[J]. 体育科技文献通报，2020，28（12）：21-23+56.

过程中，经常会耗费大量时间、精力却得不到相应回报。张恒梅[1]通过对健身类App用户持续使用行为的探究，认为用户改变当前使用的健身App时，会产生包括对设计界不适应、功能使用不熟悉、内容适应性不强等转换成本，结果因为消耗时间导致的精力损耗又会使转换成本更高。

2.4 SOR模型

2.4.1 概　念

SOR模型，即刺激－机体－反应（stimulus-organism-response）模型，也被称为环境心理学模型，该理论模型最早由Mehrabian等[2]提出。该理论模型可解释为，外部环境会影响个体的认知和情绪状态，从而影响个体的行为。一个完整的SOR模型应该包含刺激变量、中介变量和反应变量。刺激是外部环境对个体的影响，机体是每个受刺激个体的内部状态，反应是个体的行为。

SOR理论起初用于分析和解释环境刺激对人类行为的影响，20世纪80年代后，逐渐被应用于零售行业消费行为的研究中，是消费行为研究的基本理论之一。SOR模型将外部刺激与个体心理及行为联系起来，可以较好地解释消费者在面对外部环境刺激下做出的购买行为，被广泛应用于解释消费者的购买行为[3]。如Eroglu等[4]探讨消费者网络购物行为时，引入SOR理论进行研究。

---

[1] 张恒梅.基于Wilson信息需求理论的健身类App用户持续使用行为研究[D].哈尔滨：黑龙江大学，2020..

[2] MEHRABIAN A, RUSSELL J A. An approach to environmental psychology[M].Cambridge: MITPress, 1974: 24-30.

[3] BELK, RUSSELL W. Situational variables and consumer behavior[J]. Journal of Consumer Research.1975, 2(3): 157-164.

[4] EROGLU SA, MACHLEIT K A, DAVIS L M.Empirical testing of a model of online store atmospherics and shopper responses[J]. Psychology&marketing, 2003, 20(2): 139-150.

Chang 等[1]融合 SOR 理论探究环境、设计、社会这三个零售环境特点在冲动购物行为时发挥的作用。范静等[2]指出情绪与消费者需要及用户个性相关联，消费者潜在的购买动机会受到情绪影响。她认为"愉悦"和"唤醒"两个因素在 SOR 理论模型十分重要，并在购物环境中应用这两个维度，解释外部环境刺激、内在动机变量以及因此产生的行为反应变量之间的关系。贺爱忠[3]认为 SOR 理论是能有效解释消费者购物行为的经典理论之一。人们在外部环境背景下，受到各种不同的刺激，这会对购物者的心理认知产生一定的影响，促使购物者产生后续的购物举动。Jacoby[4]认为外部刺激主要通过身体的认知和情绪影响心理感知。个体在受到刺激后，会经历一系列心理反应过程，然后产生个体内部的心理变化（态度、信任、认知等）或内外行为反应（满意度、购买意向、购物行为等）。[5]张启尧等[6]指出，SOR 理论即刺激－机体－反应模型，该理论以 S（刺激）为自变量，O（有机体）为中介变量，R（反应）为因变量，客观上认为其目的是通过外部情景刺激影响消费者的内在需要和动机，促使消费者做出一定的行为反应。

此后，SOR 理论应用范围不断拓展，也有学者结合 SOR 理论对情报学研

---

[1] CHANG H J, ECKMAN M, YAN R N. Application of the stimulus-organism-response model to the retail environment. the role of hedonic motivation in impulse buying behavior[J]. The International Review of Retail, Distribution and Consumer Research, 2011, 21(3): 233-249.

[2] 范静，万岩，黄柳佳．基于刺激－机体－响应（SOR）理论的推荐者社交网站效果研究[J]．上海管理科学，2014，36（1）：51-54．

[3] 贺爱忠，李希凤．零售商店绿色产品类别对消费者惠顾意愿的影响研究[J]．商业经济与管理，2016（2）：5-17．

[4] JACOBY J. Stimulus-organism-response reconsidered: An evolutionary step in modeling (consumer)behavior[J]. Journal of Consumer Psychology, 2002, 12(1): 51-57.

[5] 陈静．网红口碑传播对消费者购买意愿的影响研究[D]．青岛：青岛理工大学，2018．

[6] 张启尧，孙习祥，才凌惠．网络匿名性对在线年轻消费者绿色购买意愿的影响：一个有调节的中介模型[J]．消费经济，2016，32（4）：68-73．

究进行了探索。罗琳等[①]融合 SOR 理论探究对用户标签使用行为的影响因素，邓卫华等[②]在 SOR 理论的基础上，分析在线用户追加评论信息采纳机制，郑美玉[③]在探讨手机图书馆用户持续使用的影响因素时引入 SOR 理论，并提出系统质量、服务水平和使用成本等因素对用户持续使用行为产生影响。

综上所述，SOR 理论又称为环境心理学模型，是广泛应用于市场消费的经典理论，其中三个字母有着各自的含义，字母 S 代表外部环境，也可以称为自变量，字母 O 代表内部动力或需求，也可以称为有机体，字母 R 代表目标吸引力，也就是行为反应；SOR 体系是激励的基本过程，由"强化激励""内容激励"和"过程激励"三个激励组成。激励过程也分别用字母 S、O 和 R 表示。因此，SOR 系统被理解为在外部环境刺激下对外部诱导的行为反应，受刺激变量的影响，并与自身能力相结合。SOR 理论模型是心理学中的一种学习理论，是学习动机的基本过程。

2.4.2 在体育领域中的研究

SOR 理论框架在消费者购买行为研究方面被频繁应用，该理论模型认为消费者在外部环境因素的刺激下，会生成对商品的心理认知和反应，并在此驱使下做出购买商品的决策。近年来，生活水平的提高、休闲意识的增强激发了人们更多的体育休闲消费需求，SOR 理论模型也开始应用于体育领域相关的研究。

体育旅游是体育产业和旅游产业的重要组成部分，在全民健身层面，国民

---

① 罗琳，杨洋.社会化标注系统中用户标签使用行为影响因素研究[J].图书情报知识，2018，36（3）：85-94.

② 邓卫华，易明.基于 SOR 模型的在线用户追加评论信息采纳机制研究[J].图书馆理论与实践，2018（8）：33-39，56.

③ 郑美玉.基于 SOR 框架的手机图书馆用户持续使用影响因素研究[J].图书馆工作与研究，2018，1（4）：52.

为了达到身心愉悦及强身健体的目的，时常会参与体育旅游休闲活动。刘雷[①]以刺激-机体-反应为理论框架，以参加过体旅的直接受众以及仅有过参与体育相关活动的潜在消费者为研究对象，构建了在疫情防控条件下体育旅游消费行为的影响机制。杨腕舒等[②]在研究体育旅游服务平台用户体验对价值共创的影响时，根据SOR模型中"外界刺激"会通过"中介"对"反应"产生影响的理论，来探讨感知价值、用户体验和价值共创三者之间的SOR关系。将用户在体育旅游服务平台中感受到的共创价值作为"外界刺激"，以用户体验效果为"中介"，用户参与意愿即为"反应"，在SOR模型基础上结合体育旅游服务平台相关属性，选择感官、服务与交互体验的维度并划分用户参与价值创造的具体可测变量，提出体旅服务平台的价值共创与用户体验的关系模型。国内体育休闲消费近几年才起步发展，在对体育休闲消费的认知方面仍然存在一些不足，因此不能使消费者日益变化的消费需求得到满足。蒋佳峰[③]以SOR模型为基础，构建了"刺激因素—内在因素—消费者反应"的理论框架，研究了城镇居民体育休闲消费意向的影响因素，并通过实证分析发现，体育休闲消费条件及消费体验会对体育休闲消费意向产生正向作用，揭示了城镇居民体育休闲消费特征的同时，为体育休闲企业今后在营造舒适的体育休闲消费氛围方面的发展提供支持。

SOR模型应用于体育领域，还存在于一些相关商业研究中。陈萍[④]基于SOR模型的"刺激-机体-反应"逻辑，在消费者的行为举措会受到认知情绪影响的前提下，建立了体育品牌网络平面广告的视觉元素、广告文案与消

[①] 刘雷，史小强.新冠肺炎疫情背景下体育旅游消费行为影响机制：基于S-O-R框架的MOA-TAM整合模型的实证分析[J].旅游学刊，2021，36（8）：52-70.

[②] 杨腕舒，李荣日，杜梅，等.体育旅游服务平台用户体验对价值共创的影响研究[J].哈尔滨体育学院学报，2016，34（5）：18-26.

[③] 蒋佳峰，刘培.杭州富阳城镇居民体育休闲消费意向影响因素分析[J].浙江体育科学，2019，41（2）：28-36.

[④] 陈萍.女性运动服饰消费者的自我概念与购买意愿研究[D].上海：东华大学，2021.

费者的产品-自我一致性认知之间的联系；王文韬[1]采用质性研究方法，引入SOR理论，构建智能健康手环用户不持续使用行为的影响因素模型，探究体育健身运动中智能健康手环用户不持续使用行为的影响因素，为智能健康手环技术与服务优化提供理论参考；熊小平[2]在研究体育商业化理念与商务合作效应时，认为体育商业赞助基本上都是"SOR模式"的评定效果，商业赞助者向人们传递出来的各式各样的信息，通过机体内部的加工后，人们才会对其产生反应。这种加工被划分成认知激发和情感激发两种过程，在情感激发过程中，所赞助的运动项目、运动队伍或动员的一些形象特征（如运动员的体育精神、体育活力），人们会将这些与赞助企业及其品牌和产品进行关联想象，以产生深刻而美好的心象。

2.4.3 在网络健身领域中的研究

进入21世纪以来，互联网产业蓬勃发展，并与体育文化产业进行了创造性的有机融合，有一些学者将SOR模型应用于网络健身领域进行研究。新型冠状病毒肺炎疫情期间，手机端、电视和电脑端是大学生最常用的媒介接触形式，大学生有体育课达标、居家锻炼和丰富业余生活的基本需求。陈亚威等[3]基于SOR理论探讨疫情期间高校学生媒介接触对民族传统体育参与意愿的影响，指出在网络化社会，运动健康传播可以促使正确的健康决策，很大程度上强化青少年学生对健康素养元素的认识。在民族传统体育媒体传播情景下，大学生更能感受到民族传统体育内涵的文化、功能和适应性属性，树立正确的体育意识和价值观，进而促进民族传统体育参与的态度、习惯和承诺。电子竞技

---

[1] 王文韬,张震,张坤,等.融合SOR理论的智能健康手环用户不持续使用行为研究[J].图书馆论坛,2020,40(5):92-102.

[2] 熊小平,周燕.论体育商业化理念与商务合作效应[J].企业经济,2006(7):108-110.

[3] 陈亚威,朱寒笑,周月媛.疫情期间高校学生媒介接触对民族传统体育参与意愿的影响[J].福建体育科技,2021,40(3):88-92.

是体育与科技融合的一大产物[①]，近年来，电子竞技逐渐普及，成为产业融合的典型。电子竞技运动是在虚拟环境中遵循体育竞赛规则的对抗性运动，可以增强协作意识，锻炼反应能力，促进身心全面发展。自新型冠状病毒肺炎疫情暴发以来，传统的线下体育项目和体育赛事受到巨大影响，电子竞技运动因为其无直接接触、施展空间小、只需联网及互动性强等特点成为民众休闲娱乐的方式之一。庞大的电子竞技用户市场有着巨大的消费潜力，陈梅[②]基于 SOR 理论，结合电子竞技自身特点，构建出用户消费行为的理论框架，将消费行为分为消费认知、外部刺激、产品属性和消费需求四个因素，实证分析电子竞技用户的消费意愿和消费能力对消费行为的影响作用。资武成[③]从用户体验角度出发，基于 SOR 模型，将体育 App 用户体验分为娱乐体验、内容体验、社交体验和互动体验四个维度，建立了网络体育 App 用户持续付费意愿的作用机制。通过实证分析发现，用户体验对网络体育 App 用户的持续付费意愿发挥正向作用，并且信任在其中发挥部分中介作用，对体育 App 网络社区建立人际信任、营造良好的体验环境、提升体育 App 网络运营效率具有重要的理论价值。

[①] 吕树庭.关于电子游戏·电子电竞·现代体育的断想[J].广州体育学院学报，2020（1）：9-12.

[②] 陈梅，王盼，张晨阳.电子竞技用户消费行为影响因素的实证研究：基于 SOR 理论视角[J].体育成人教育学刊，2021，37（5）：23-31.

[③] 资武成，周嘉聿，宁欢.用户体验对体育 App 用户持续付费意愿的影响：人际信任的中介作用[J].经济师，2020（2）：45-47.

第3章　虚拟品牌社区中健身形式对用户忠诚度的影响

3.1 研究背景

新冠肺炎疫情的持续发酵给传统线下健身行业发展带来冲击，健身行业利用信息通信技术及互联网平台对其本身进行优化升级转型的尝试。近年来，学者们围绕"互联网＋健身"已经展开了初步的研究。首先，一部分学者对于"互联网＋健身"方式进行了探讨。陈坚伟等[1]分析阐述了"互联网＋健身"的发展现状以及应用前景，周结友等[2]解析了"互联网＋健身"消费特征的形成机理，张晗等[3]对健身指导App资源及使用行为进行了调查研究，Zhu等[4]对基于物联网和智能系统的大众体育健身进行了研究，致力于用智能系统提供全方位的社区健康指导服务。其次，有学者基于不同的体育直播形式对用户忠诚度进行了研究，如贾文帅等[5]就从探寻球迷心理模式的新视角构建了中超联赛球

---

[1] 陈坚伟.从健身应用分析"互联网＋健身"的现状、问题与前景[J].体育科学，2016，36（9）：20-27.

[2] 周结友，彭文杰."互联网＋健身"消费特征及其形成机理解析[J].西安体育学院报，2020，37（5）：551-557.

[3] 张晗，刘新华.健身指导App资源及使用行为的调查研究[J].武汉体育学院学报，2017，51（10）：37-42.

[4] ZHU W, YIN N, ZHU W, et al. Research on the mass sports fitness based on internet of things and intelligent system[J]. Revista De La Facultad De Ingenieria, 2017, 32(3): 376-382.

[5] 贾文帅，李凌，王俊人.中超联赛球迷行为忠诚的形成机制：有中介的调节模型[J].上海体育学院学报，2020，44（11）：76-85+94.

迷行为忠诚形成机制的概念模型，李征[①]则探讨了五种不同体验型态对体育赛事现场观众的满意度及忠诚度的影响，并认为需依据体育赛事属性的不同制定特殊的体验营销策略。然而，上述初步研究仍存在明显不足。第一，已有研究虽然对"互联网+健身"的特征及发展前景比较关注，一些学者考虑到网络健身用户的心理变化情况，但是关于虚拟健身品牌社区如何影响用户忠诚度的研究仍然很少。第二，已有相关研究并没有采用社区认同相关的变量，未对网络健身中的社区认同进行明确定义。第三，没有在深入总结虚拟健身品牌社区涉入度特点的基础上，对用户忠诚度产生的原因和结果进行深入分析。

3.1.1 问题的提出

共进行了两次组间实验，基于在学校健身中心、新零售虚拟现实实验室对虚拟品牌社区中健身用户的预调查，对实验者进行随机抽样调查。研究一检验虚拟品牌社区中健身形式对感知价值的影响差异，研究二在验证研究一所得结论的基础上，进一步检验感知价值对用户忠诚度的作用路径，以及涉入度对作用路径的调节作用。实证研究结果表明，虚拟品牌社区中健身形式越具有灵活性及响应能力，对感知价值的影响效应就越明显；感知价值会促使用户产生满意度及社区认同，最终影响到在该虚拟健身品牌社区中用户的使用意愿和推荐意愿；高涉入度的健身氛围会促进感知价值对满意度、满意度对用户忠诚度的正向影响。

3.1.2 文献回顾

3.1.2.1 *虚拟品牌社区*

虚拟品牌社区由虚拟社区和品牌社区演变而来[②]，定义为建立在互联网平

[①] 李征.体育赛事观众的体验型态、体验满意度及忠诚度的关系模型构建与验证[J].西安体育学院学报，2020，37（4）：457-464.

[②] ALGESHEIMER R, DHOLAKIA U M, HERRMANN A. The social influence of brand community: Evidence from european car clubs[J]. Journal of Marketing, 2005, 69(3): 19-34.

第3章 虚拟品牌社区中健身形式对用户忠诚度的影响

台上,供品牌爱好者围绕该品牌进行社会互动的网络社区[①]。国内外的虚拟品牌社区多是企业主页,企业自己建立起品牌社区供用户进行交流,如小米的小米社区、华为的荣耀社区以及微博主页、贴吧、Facebook 等社交软件主页。最早的关于虚拟社区(virtual community)的定义由 Rheingold 提出,将其定义为"一群主要借由计算机网络彼此沟通的人们,他们彼此有某种程度的认识、分享某种程度的知识和信息、在很大程度上如同对待朋友般彼此关怀,从而所形成的团体。"此外,人工智能时代的到来也带来了虚拟人物的社会关系所形成的社区,也可以称之为虚拟社区。虚拟社区至少有四个特征。

(1)虚拟社区通过电脑、手机等高科技通信技术的交流媒介而存在,从而将其与真实社区相区别。

(2)虚拟社区的互动具有集群性,排除了两个网络服务的配对互动。

(3)社区成员是固定的,这样就排除了由不固定人群组成的网络公共聊天室。

(4)社区的成员进入虚拟社区后,必须能够感觉到其他成员的存在。

品牌社区是伴随着"消费社区"生成的产物,消费者可以通过浏览社区信息,找到符合自己需求的产品或服务,了解相关价格,为消费决策做准备。因此,品牌社区具有消费信息性,包括技术信息、使用信息、价格信息等与消费相关的信息。Muniz 和 O'Guinn 将品牌社区视为企业和客户之间即时沟通的平台。品牌买家、用户或利益相关者聚集在此平台,交流使用产品的体验感受,提出产品改进建议,进一步获取与产品相关的购买、使用、体验等消费相关信息,从而使虚拟品牌社区具有消费信息性的特点。以往有学者研究发现,客户价值共创行为取决于平台的技术的可实现性或设备的易用性特征等环境特征,以及和客户之间建立的人际关系网络等客户之间的连接特征。综上所述,以往的研究表明,虚拟品牌社区具有三个重要特征,即结构化的社会关系、成员的

---

① 金立印.虚拟品牌社群的价值维度对成员社群意识、忠诚度及行为倾向的影响[J].管理科学,2007(2):36-45.

互动性和技术的易用性。

学者们基于虚拟品牌社区进行了一系列的研究。Akrout 等[1]阐述了在 Facebook 上的品牌粉丝页面，高涉入度的年轻女性粉丝能影响页面中的信任，进而帮助传播积极口碑。Santos 等[2]探讨了西班牙一支球队球迷的虚拟品牌社区如何影响品牌对赞助的态度。朴勇慧[3]制定了价值共创视域下2022年北京冬奥会官方微博的营销策略，根据价值共创理论和品牌故事理论构建微博讲故事的评价标准，选择"厦门马拉松赛"微博作为同行业标杆，选择"故宫博物院"微博作为跨行业标杆，与"北京2022年冬奥会"微博进行对比分析，采用内容分析法对相关数据进行清洗，提出具体的"碎片化互动故事策略"。冯进展等[4]针对企业在虚拟品牌社区客户关系管理中如何有效识别契合顾客这一问题，依据计划行为理论，建立了包括契合顾客的意愿、主观规范和能力三个维度的契合顾客识别模型，并分析了各个维度的主要影响因素，以小米社区进行了实证研究，采用前反馈神经网络验证了契合用户识别模型的合理性。虚拟品牌社区享有互联网平台在互动交流方面的优势，是加强关系和培养品牌忠诚度的有效工具。[5]叶笛等[6]指出虚拟品牌社区是企业与消费者共创价值的平台，企业可在此与消费者互动，得到关于产品的建议和反馈，吸收新品研发创意，

---

[1] SANTOS M, MORENO F C, GUARDIA F R, et al. Influence of the virtual brand community in sports sponsorship[J]. Psychology and Marketing, 2016, 33(12): 1091-1097.

[2] AKROUT H, NAGY G. Trust and commitment within a virtual brand community: The mediating role of brand relationship quality[J]. Information & Management, 2018, 55(8): 939-955.

[3] 朴勇慧. 价值共创视域下北京冬奥会官方微博营销策略[J]. 北京体育大学学报，2020，43（10）：21-36.

[4] 冯进展，蔡淑琴. 虚拟品牌社区中契合顾客识别模型及实例研究[J]. 管理学报，2020，17（9）：1364-1372.

[5] HAMMEDI W, KANDAMPULLY J, et al. Online customer engagement[J]. Journal of Service Management, 2015, 26(5): 777–806.

[6] 叶笛，林伟沣. 虚拟品牌社区用户参与价值共创行为的驱动因素[J]. 中国流通经济，2021，35（10）：93-105.

契合消费者行为，洞察消费者诉求；消费者可在此进行信息交互，得到来自其他消费者更加全面的信息反馈，为自己的购买决策服务，提升产品使用体验。虚拟品牌社区已经演变成重要的价值共创场所，然而并非所有企业均能通过构建虚拟品牌社区获得更大收益。

3.1.2.2 感知价值

感知价值，即顾客感知价值（customer perceived value），是通过权衡顾客感知到的利益和他们的成本，来评估产品或服务的效用。顾客感知价值不同于产品和服务的客观价值，反映的是顾客对企业提供的产品或服务的价值的主观认知。

自20世纪70年代以来，企业在客户层面的竞争中不断创新，从关注产品质量到"以客户为中心"，力求让客户对产品和服务满意和忠诚。直到20世纪90年代顾客感知价值的概念被提出，之后，对顾客感知价值的研究成为国外学者和企业家关注的焦点，这是企业不断追求竞争优势的合理而必然的结果。迈克尔·波特[1]在他的《竞争优势》一书中指出，竞争优势最终来自企业为客户创造的价值。Woodruff指出"顾客感知价值是竞争优势的下一个来源"[2]。20世纪90年代最成功的竞争战略之一就是公司为客户提供卓越价值的能力，因此，如何将资源最大化，并有效地转化为顾客感知价值，是企业构建核心竞争力的基点。顾客感知价值理论不仅为企业营销带来了新的进展，也在构建企业核心竞争力的方面，提供了很多新的思路和方法。为顾客提供卓越的顾客感知价值，是企业竞争优势的根本所在。因此，研究基于顾客感知价值的企业核心竞争力的培养，对企业的发展具有重要的现实意义。

自20世纪90年代以来，越来越多的学者开始研究顾客感知价值，随着研究的拓展，顾客感知价值的概念不断完善。一般认为，顾客感知价值的核心是顾

---

[1] 迈克尔·波特. 竞争优势[M].陈丽芳, 译. 北京：中信出版社, 2014.

[2] WOODRUFF R B. Customer value:the next source for competitive advantage[J].Journal of the Academy of Marketingsciences, 1997, 25(2):139-153

客对感知利得与感知成本的权衡。感知成本包括顾客在采购时所面临的所有成本，如采购价格、采购成本、运输、安装、订购、维护和维修，以及采购失败或质量不合格的风险；感知利得是指在购买和使用产品时，产品属性、服务属性和可获得的技术支持。因此，感知利得包括产品或服务的质量，感知成本包括产品或服务的价格。顾客感知价值是主观的，是由顾客而不是供应商决定的。

  Prahalad等[1]将一般企业核心竞争力定义为"组织中的积累性学识，特别是关于如何协调不同的生产技能和多种技术流派的有机结合"，标志着企业核心竞争力理论被正式提出。后来，Faulkner等[2]进一步指出，企业的核心竞争力是企业独有的、优秀的、根植于组织的、适应市场机会的复合集成能力，这更有可能实现可持续的竞争优势和获得超平均利润。因此，企业的核心竞争力一般是指企业在技术、服务和管理方面的独特能力，包括有号召力的品牌、强大的研发梯队、高附加值的服务和激发团队精神的内部管理模式。

  Baker等[3]认为，感知产品价值是用户进行购物活动而产生的感知利得与感知成本之间的一种权衡。Lovelock等[4]指出，感知价值是用户对交易活动收益与成本进行的权衡。范秀成等[5]将其定义为用户对商家所提供的产品或服务给其带来的具体价值的主观认知。学者对于用户的感知价值进行了不同维度的

---

[1] PRAHALD C K, HAMEL G. The core competence of corporation[J].Harvard Business Review, 1990, 68(5-6):1-15.

[2] FAULKNER D, BOWMAN C. 竞争战略 [M]. 北京：中国人民大学出版社, 1997.

[3] BAKER J, PARASURAMAN A, GREWAL D, et al. The influence of multiple store environment cues on perceived merchandise value and patronage intentions[J]. Journal of marketing, 2002, 66(2): 120-141.

[4] LOVELOCK C, GUMMESSON E. Whither services marketing? in search of a new paradigm and fresh perspectives[J]. Journal of service research, 2004, 7(1): 20-41.

[5] 范秀成, 罗海成. 基于顾客感知价值的服务企业竞争力探析 [J]. 南开管理评论, 2003, 6(6)：41-45.

划分：Kim 等[1]认为社交网络为消费者提供了功能价值、情感价值和社交价值；Wang 等[2]认为感知价值由功能性价值、社会性价值、娱乐性价值和心理价值四类构成。

在虚拟品牌社区中，社区用户和访问者可以通过个人和合作的方式努力为自己、其他成员及组织创造价值。[3]用户参与虚拟品牌社区是为了获取和共享信息以完成特定目标，即功利价值及享乐价值。[4]廖俊云等[5]赞同此观点并将虚拟品牌社区感知价值大致分为建立维系社交关系，从而获得诸如信任、友谊、社交价值和功能价值。Perez 等[6]也证明了品牌粉丝页面参与产生的功利主义和享乐主义价值观会积极引导成员购买品牌产品或服务的行为意向。赵蕾[7]以社会认知理论和感知价值理论为基础，构建理论模型，从消费者认知、电商平台环境、产品环境3个维度，感知收益和感知风险两个层次设计指标并分别分

---

[1] KIM H W, KOH J, LEE H L. Investigating the intention of purchasing digital items in virtual communities[J]. PACIS 2009 Proceedings, 2009: 1-18.

[2] WANG Y, FESENMAIER D R. Modeling participation in an online travel community[J]. Journal of Travel Research, 2004, 42(3): 261-270.

[3] BRODIE R J, ILIC A, JURIC B, et al. Consumer engagement in a virtual brand community: An exploratory analysis[J]. Journal of Business Research, 2013, 66(1): 105-114.

[4] DHOLAKIA U M, BAGOZZI R P, PEARO L K. A social influence model of consumer participation in network and small-group-based virtual communities[J]. International Journal of Research in Marketing, 2004, 21(3): 241-263.

[5] 廖俊云，林晓欣，卫海英．虚拟品牌社区价值如何影响消费者持续参与：品牌知识的调节作用[J]．南开管理评论，2019，22（6）：16-26．

[6] PEREZ-VEGA R, TAHERI B, FARRINGTON T, et al. On being attractive, social and visually Appealing in social media: The effects of anthropomorphic tourism brands on Facebook fan pages[J]. Tourism Management, 2018, 66: 339-347.

[7] 赵蕾．基于社会认知和感知价值的生鲜农产品网购意愿影响因素研究[J]．四川农业大学学报，2022，40（1）：137-144．

析了生鲜农产品网购意愿的影响因素及影响程度。任广乾等[1]将豆瓣网的用户作为研究对象,从感知价值理论出发,探讨感知因素对豆瓣网用户满意度和用户忠诚度造成的影响。研究结论认为,豆瓣网用户的感知效用、平台机制感知和社会机制感知对用户满意度和用户忠诚度有显著的正向影响;用户感知成本对用户满意度、用户忠诚度有显著的负向影响;内容感知和知识扩展感知对用户满意度有显著的正向影响;除豆瓣网用户内容感知和知识发展感知外,用户满意度在豆瓣网用户感知因素,对用户忠诚的影响中起中介作用。结合互联网+健身用户获得的满足特定健身需求的效用和情感状态所带来的效用,将感知价值定义为成员在参与虚拟健身品牌社区中感知获得的利益,并将其划分为功能价值和享乐价值。

3.1.2.3 社区认同

社区认同起源于社会认同理论,社会认同理论最早于1978年由 Tajfel 提出,由群体认同衍化而来,表现在个体认为自己是群体中的一员[2]。社区的主要特征在于它强调人与人之间有着强烈的情感依托和休戚与共的关系。人们对一个社区的认同,在于持久和真正的共同生活中形成了一种对"根"的追求。社区认同的内涵非常丰富,主要包括:对社区成员的群体特性的一致性认可,即同一个社区的人认为他们都是自己人;对社区的感情依恋,认为自己生活的社区就是自己的家,离不开它;对社区的生活习惯、传统规范的认可和遵循。进入现代城市社会,人们对社区的认同没有过去那么强烈,而且对社区的传统规范缺少认可,更偏重于对社区人文环境的认可。根据这一定义,Ellemers 等[3]将

---

[1] 任广乾,徐瑞.感知价值对虚拟社区用户忠诚的影响机制:以豆瓣网为例[J].企业经济,2018(5):70-77.

[2] TAJFEL H, TURNER J C. The social identity theory of inter-group behavior[M]//WORCHEL S, AUSTIN L W. Psychology of intergroup relations. Chigago: Nelson-Hall Publishers, 1986: 7-24.

[3] ELLEMERS N, KORTEKAAS P, OUWERKERK J W. Self-categorisation, commitment to the group and group self-esteem as related but distinct aspects of social identity[J]. European Journal of Social Psychology, 1999, 29(23): 371-389.

社会认同解构成三个组成部分：认知、评价和情感成分。将虚拟健身品牌社区中的社区认同定义为用户将自己视为该社区中的一员，包括用户对自己成员身份的认知以及由此身份带来的情感和价值意义的感知。

对于社区认同的形成，Bagozzi 等[1] 认为，社区认同产生的前提是成员可以从社区参与中获得利益。Hogg 等[2] 也指出，群体的功能性是群体认同产生的基础，当群体能够满足成员的一定需求时成员对群体的认同才会产生。Luo 等[3] 认为，有效的互动是调节虚拟社区中组织气氛和认同的先决条件。在虚拟品牌社区领域中，Chen 等[4] 基于社交网络上品牌粉丝页面的数据，证实了感知价值对用户的社区认同及社区黏性产生正向影响。作为一种网络组织或群体，虚拟品牌社区中的成员同样会形成集体身份意识，从而影响成员正面口碑[5]、

---

[1] BAGOZZI R P, DHOLAKIA U M. Antecedents and purchase consequences of customer participation in small group brand communities[J]. International Journal of Research in Marketing, 2006, 23(1): 45-61.

[2] HOGG M A, D ABRAMS, OTTEN S, et al. The social identity perspective - Intergroup relations, self-conception, and small groups[J]. Small Group Research, 2004, 35(3): 246-276.

[3] LUO N, ZHANG M, HU M, et al. How community interactions contribute to harmonious community relationships and customers' identification in online brand community[J]. International Journal of Information Management, 2016, 36(5): 673-685.

[4] CHEN M H, TSAI K M. An empirical study of brand fan page engagement behaviors[J]. Sustainability, 2020, 12(1): 1-19.

[5] JUNG H S, KIM Y, KOOK Y R. A Study on the effects of online brand community identity on the characteristics of community activity and behavioral responses[C]. Lecture Notes in Computer Science, 2009, 5559: 523-533.

顾客忠诚度[1][2]和购买意愿[3]等参与行为意向。

现有虚拟品牌社区领域的相关研究主要以用户满意作为构建和维护用户关系的核心因素，随着学者对情绪和认知相关领域的研究深入，用户认同也被引入到用户关系构建中。用户在达到较高的满意度之后无法再次超出用户的期望成为瓶颈问题，此时需要在用户满意的基础上利用认同感形成自身与对手的竞争优势。因此，本章借鉴前人的研究，从满意度与社区认同角度构建虚拟健身品牌社区的用户忠诚度形成的模型机理。

3.1.2.4 虚拟现实技术

虚拟现实技术是一种可以创建和体验虚拟世界的计算机仿真系统，它利用计算机生成一种能够使用户沉浸其中的模拟环境，具有交互性、沉浸性及多感知性等特征。Park等[4]认为消费者在与虚拟环境交互的过程中的身体控制会提示用户集中注意力并激发好奇心，从而创造愉快的购物体验。Kerrebroeck等[5]指出，虚拟现实购物中的生动性和沉浸感能够唤醒消费者产生放松的情绪，进而诱导其进行更积极的购物行为。一些电子商务公司对虚拟现实技术很感兴趣，也在此方面做了一些尝试，如阿里巴巴在2016年就推出了其VR商场——Buy+，亚马逊公司也尝试构建了虚拟客厅，通过提供预览并自由搭配家具的

---

[1] KUO Y F, HOU J R. Oppositional brand loyalty in online brand communities: Perspectives on social identity theory and consumer-brand relationship[J]. Journal of Electronic Commerce Research, 2017, 18(3): 254-268.

[2] JAMID, ISLA, et al. Consumer engagement in online brand communities: A solicitation of congruity theory[J]. Internet Research, 2018(1): 23-45.

[3] MAHROUS A A, ABDELMAABOUD A K. Antecedents of participation in online brand communities and their purchasing behavior consequences[J]. Service Business, 2017, 11(2): 1-23.

[4] PARK S I, KIM Y K. An Inquiry on the relationships among learning-flow factors, flow level, achievement under on-line learning environment[J]. The Journal of Yeolin Education, 2006, 14: 93-115.

[5] KERREBROECK H V, BRENGMAN M, WILLEMS K. Escaping the crowd: An experimental study on the impact of a virtual reality experience in a shopping mall[J]. Computers in Human Behavior, 2017, 77: 437-450.

第3章 虚拟品牌社区中健身形式对用户忠诚度的影响

服务以提升消费者的购物体验。

然而，学术界大多数有关于虚拟现实的研究限于计算机科学和人机界面技术领域，缺乏对虚拟现实技术在消费者购物体验的深入研究。现有的虚拟现实购物研究中，学者大多采取结构方程模型和 TAM 模型对消费者的购物体验作出假设的方法，让消费者用虚拟现实设备体验完购物过程后填写问卷，研究者再利用收集的问卷数据验证先前假设。[1]这种方式一定程度上结合了虚拟现实设备，但在数据收集环节缺乏客观性，近年来，基于监测生物特征反应的几种测量方式，如眼睛跟踪、面部表情、皮肤电反应、心电反应、脑电信号的情感识别填补了这一缺陷。Barjindar 等[2]指出由于情感与消费者的心理和心理活动与大脑皮层的活动紧密联系，而脑电信号蕴含了大量生理性信息，被认为是识别消费者情绪变化的可靠方法。Barbara 等[3]的研究中认为脑电信号具有更高的识别精度、情感不易被伪装等特点，因此将其与眼睛跟踪设备结合起来用于分析消费者在购物时的视线注意力和行为。Nik 等[4]证明了脑电信号中提取的特征对于预测消费者决策有相对较高的准确率，其结果可以用来解释观察到的消费者参与行为。

VR 带来了身临其境的体验，但究竟是否能够增加虚拟健身过程的涉入度，以及什么因素会影响健身者在虚拟健身时对健身 App 的忠诚度，还亟须进一

---

[1] HUR H J, JANG J Y, CHOO H J. The effect of VR fashion shopping channel characteristics and consumer's involvement in channel acceptance -focusing on the vividness, interactivity and fashion involvement[J]. Journal of the Korean Society of Clothing and Textiles, 2019, 43(5): 725-741.

[2] BARJINDAR K A, DINESH S A, PARTHA P R. EEG based emotion classification mechanism in BCI[J]. Procedia Computer Science, 2018, 132: 752-758.

[3] CHYNAL P, SOBECKI J, RYMARZ M, et al. Shopping behaviour analysis using eyetracking and EEG[J]. International Conference on Human System Interactions, 2016: 458-464.

[4] NIK P G, FARASHI S, SAFARI M S. The Application of EEG power for the prediction and interpretation of consumer decision-making: A neuromarketing study[J]. Physiology & Behavior, 2019, 207: 90-98.

步研究。

3.2 概念模型与研究假设
3.2.1 概念模型

从感知价值视角出发，根据心理学的"刺激－机体－反应"模型，构建了概念模型（图3-1），感知价值是整个模型的核心变量。

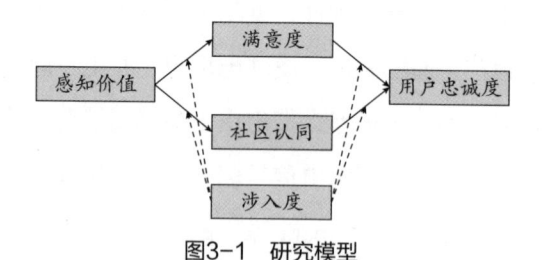

图3-1 研究模型

研究认为，健身形式作为外部刺激（S）能够激发虚拟健身品牌社区中网络健身用户产生感知价值（O），引入满意度和社区认同作为感知价值和用户忠诚度的中介变量（O），以期能够更好地解释感知价值与用户忠诚度（R）的关系。同时，每个用户对于健身氛围的感知程度不同，所以本研究引入涉入度作为调节变量，作用于本模型的每一个影响机理之上，以揭示用户特征对于其心理、认知、行为之间关系的影响。

3.2.2 研究假设
3.2.2.1 健身形式与感知价值

信息的展示方式影响用户的感知价值。Lapierre[①]为13种价值驱动因素提供了实证支持，并认为灵活性和响应能力是用户感知的重要价值推动力。虚拟现实技术是一种可以创建和体验虚拟世界的计算机仿真系统，它利用计算机生成一种能够使用户沉浸其中的模拟环境，具有交互性、沉浸性及多感知性等特

---

① LAPIERRE J, FILIATRAULT P, CHEBAT J C. Value strategy rather than quality strategy: A case of business-to-business professional services[J]. Journal of Business Research, 1999, 45(2): 235-246.

征。[1]Cummings 等[2]的研究证明，相比于传统的视频界面，如头戴式显示器、身体跟踪传感器和手持运动跟踪控制器等一系列虚拟现实设备可提供给消费者更好地跟踪水平、立体视觉和音画质量等，用户在与虚拟环境交互的过程中的身体控制会提示用户集中注意力并激发好奇心[3]。虚拟现实形式比视频和图片具有更强的灵活性和响应能力，Schnack 等[4]经过设置虚拟模拟商店和传统网页电子商务购物方式的对比实验，认为虚拟产品的视觉真实感和界面抓取度都能让用户体验到强烈的沉浸感和与周围环境互动的自然感。因此，本研究提出假设：

H1：在虚拟健身品牌社区中，虚拟现实视频的健身形式对感知价值的影响要明显高于普通视频，并进一步高于动图详解。

3.2.2.2 感知价值和满意度、社区认同

获取更高质量的产品或服务、信息共享是用户参与虚拟品牌社区的关键初始动机。[5]社区参与过程中获得健身器材操作和健身动作指导等方面的知识越全面，用户能够解决的问题越多，其用户满意度越高。另一方面，娱乐价值是指用户参与虚拟健身品牌社区所获取的有关娱乐体验的价值感知，是维持和促

---

[1] BIOCCA F, LAURIA R M, MCCARTHY M. Virtual reality[J]. Social Science Electronic Publishing, 2011, 14(1): 15-16.

[2] CUMMINGS J J, BAILENSON J N. How immersive is enough? A meta-analysis of the effect of immersive technology on user presence[J]. Media Psychology, 2016, 19(2): 272-309.

[3] PARK S I, KIM Y K. An inquiry on the relationships among learning-flow factors, flow level, achievement under on-line learning environment[J]. The Journal of Yeolin Education, 2006, 14: 93-115.

[4] SCHNACK A, WRIGHT M J, HOLDERSHAW J L. Immersive virtual reality technology in a three-dimensional virtual simulated store: Investigating telepresence and usability[J]. Food Research International, 2019, 117: 40-49.

[5] CHARLA, MATHWICK, CAROLINE, et al. Social capital production in a virtual P3 community [J]. Journal of Consumer Research, 2008, 34(6): 832-849.

进用户满意度的重要因素。① 健身社区交流能产生人际连带，加上健身互动形式具有更加多元化的特点，拥有相同健身兴趣的朋友可以通过弹幕、评论和私信等方式互相给予鼓励和相互支持，从而产生愉悦的虚拟品牌社区参与体验。

感知价值是社区认同产生的前因，② 社区成员只有在感知到社区所提供的期望价值之后才会对社区产生认同。③ 如果虚拟品牌社区能够为其成员提供较高的价值，不仅可以很好地满足他们相应的需求，社区成员之间也更加容易形成牢固的情感纽带。用户参与健身的期望价值就是为了获得跟实体健身房相似的健身体验和效果，因此，当虚拟健身品牌社区功能能达到用户的需求和期待时，感知到的虚拟品牌社区的价值就会促进其形成社区认同。因此，本研究提出假设：

H2：感知价值正向影响虚拟健身品牌社区中用户的满意度。

H3：感知价值正向影响虚拟健身品牌社区中用户的社区认同。

3.2.2.3 满意度、社区认同和用户忠诚度

用户忠诚度是指用户会受其对某产品或服务的一种偏好态度的影响，在某一段时间内产生持续和重复购买的行为，满意度被视为用户忠诚度不可或缺的前置变量。学者在虚拟品牌社区的研究中，也逐渐证实了这一观点，如 Jin 等④ 研究发现，在线问答社区用户使用满意是其持续参与社区中最重要的影响

---

① 殷猛，李琪. 基于价值感知的微博话题持续参与意愿研究 [J]. 情报杂志，2017，36（8）：94-100.

② 曾晓洋，李小真. 消费者参与虚拟品牌社区的影响因素实证研究 [J]. 消费经济，2010，26（6）：52-57.

③ DHOLAKIA U M, BAGOZZI R P, PEARO L K. A social influence model of consumer participation in network- and small-group-based virtual communities[J]. International Journal of Research in Marketing, 2004, 21(3): 241-263.

④ JIN X L, ZHOU Z, LEE M, et al. Why users keep answering questions in online question answering communities: A theoretical and empirical investigation[J]. International Journal of Information Management, 2013, 33(1): 93-104.

因素。梁文玲等[①]也证实，在虚拟品牌社区中用户的满意度在信息质量及持续使用意愿之间起中介作用。对虚拟健身品牌社区满意的用户更愿意继续在该平台上投入更多时间和精力，其发生转换行为的可能性更低，因此更可能重复购买和传播正面口碑。

用户的虚拟品牌社区认同会影响其对该社区的忠诚度，这是因为：根据社区认同理论，个体会对自己认同的群体产生积极的评价，吸引拥有相似健身理想寄托、健身爱好和身份认同的其他用户，如"天鹅臂""帕梅拉"在健身用户中大受欢迎，用户对虚拟健身品牌社区的评价越高，表现得越忠诚；用户在与虚拟健身品牌社区其他用户的互动中产生社区认同后，会对该社区产生情感归属感，这种情感依赖将用户与虚拟社区紧密联系起来，进而提升用户的品牌忠诚度。[②] 因此，本研究提出假设：

H4：虚拟健身品牌社区中用户的满意度正向影响忠诚度。

H5：虚拟健身品牌社区中用户的社区认同正向影响忠诚度。

3.2.2.4 涉入度的调节作用

本研究的涉入度是用户基于内在健身需求、价值观、兴趣等而感知到的虚拟健身品牌社区与自身的相关程度，也反映用户在健身信息搜寻和持续使用过程中所投入的时间和精力。[③] 涉入度的高低影响用户的态度和行为：高涉入度的用户对虚拟品牌社区的重视程度较高，更愿意投入更多时间和精力了解该虚拟健身品牌社区，详细搜寻该社区上有助于健身的相关知识和方法。用户对此掌握得越全面，对不确定性的健身风险感知会降低，就越能满意及认同现有的

---

① 梁文玲，杨文举.虚拟品牌社区信息质量对社区用户持续参与意愿的影响研究[J].情报杂志，2016，35（11）：195-201.

② KANG M, SHIN D H. The effect of customers' perceived benefits on virtual brand community loyalty[J]. Online Information Review, 2016, 40(3): 298-315.

③ BEHE B K, BAE M, HUDDLESTON P T, et al. The effect of involvement on visual attention and product choice[J]. Journal of retailing & consumer services, 2015, 24: 10-21.

健身方式，在健身过程中产生的持续使用及口碑推荐意愿会更强烈。相反，低涉入度的用户会选择性地忽视或不关注虚拟健身品牌社区中提供服务质量的好坏，在一定程度上弱化了满意度及社会认同对用户忠诚度的影响。总之，由于用户涉入度的不同，感知价值、满意度、社区认同以及用户忠诚度之间的影响程度会存在差异。因此，本研究提出假设：

H6：涉入度对 H2～H5 假设关系均具有正向调节作用。

3.3 研究一：三种健身形式对感知价值的影响差异实验

3.3.1 研究方法

为了检验健身形式对虚拟品牌社区中用户感知价值的影响差异，采用情景实验法对虚拟品牌社区中的健身形式进行操纵。选取学校健身中心及新零售虚拟现实实验室作为实验情景，以在校大学生作为被试者。很多年轻的学生均体验过多种健身形式，对于虚拟现实设备的适应性强，对外部刺激也比较敏感，能够更加客观、真实地描述虚拟现实健身体验，能够避免因没接触过新兴的健身形式带来的结果失真问题，利于自变量操纵材料的选取。

考虑到虚拟品牌社区中呈现的主要健身方式，最终选取健身 App（Keep）中的某一类别健身动作教学课程。为消除被试者对视频内主体既有形象的认知给实验结果造成干扰，上述三类设计试验均来自同一个健身教练，在实验之前确保被实验者没有看过该健身教练的课程。健身教练是作者对 Keep 平台中教学课程板块的详细筛选得出的，其在 Keep 的健身课程、健身社区的板块里都有形式丰富的教学内容，视频、动图详解等多样的形式方便设计实验材料。

3.3.2 研究过程

3.3.2.1 实验设备

实验中采用 HTC Vive 作为虚拟现实（virtual reality，VR）视频观看设备，如图2（a）所示。显示方面，HTC Vive 单双眼的屏幕分辨率分别达到了 1 200×1 080 和 2 160×1 200，从而避免了观看 VR 视频时的颗粒感，实验过程中参与

·第3章 虚拟品牌社区中健身形式对用户忠诚度的影响·

者几乎感觉不到纱门效应,避免了参与者因长时间佩戴头戴显示器而产生眩晕、恶心等情绪波动,从而影响实验数据的准确性等问题。

实验在脑电采集方面采用 Mindwave Mobile 脑电记录仪,设备采样频率为512 Hz,MindSet 通过电极传感器采集到生物脑电信号并传输至 Think Gear 芯片,该芯片滤除了运动过程中产生的噪音信号,并将收集到的有用脑电信号进行放大,相较于以往采用的脑电信号记录仪,Mindwave Mobile 不需要黏性凝胶降低阻抗等复杂步骤就可实现脑电信号的准确采集,避免了长时间的脑电信号采集实验给参与者带来身体不适应等问题[图3-2(b)]。

(a)HTC VIVE　　(b)Mindwave Mobile

图3-2　VR 设备与脑电记录仪

3.3.2.2　实验材料与前测

自变量操纵材料包括3组:第一组选取的是健身教练的课程视频,被测试者需要佩戴 HTC Vive 作为虚拟现实视频观看设备,共计59 s;第二组选取了与上述第一组相同的课程视频,被测试者需要从提供的电视屏幕上观看健身视频,共计59 s;第三组是带文字描述的,为防止信息偏差对实验结果造成干扰,健身动图由前两组视频分解制作而成,大约浏览55 s。

为检测自变量操纵有效性及测量题项设计的合理性,本研究在正式实验开始前先进行了前测,选取74位被试者并随机分成3组,让其在浏览过实验材料及运动后就各测量题项进行打分。模型中涉及的指标均来源于已有的文献,并根据虚拟品牌社区中的健身特点进行了修正。根据初步的探索性因子分析结果，去掉因子载荷小于0.6的指标，剩下的指标均通过了探索性因子分析。结果克朗巴哈系数（Cronbach's α）值为0.933，KMO系数为0.845，说明测量变量具有较高信度和效度，适合开展正式实验。

3.3.2.3 实验程序

正式实验过程在学校健身中心和新零售虚拟现实实验室分别进行，由学校体育部副教授协助完成，为了保证实验的质量，将实验分为20~42人一组。正式实验前，研究人员首先对参与者进行VR操作训练，帮助他们体验和熟悉沉浸式的VR环境，包括播放、暂停、快进、倒带、回放、手柄操作和交互。非VR组中某一组视频的内容与实验组相同，唯一不同的是健身材料的呈现和环境不同。参与者在健身任务前做了一个简单的热身，并报告了体验VR后的眩晕感受。在正式实验开始时，每位被试者将根据自己的小组完成任务，并完成问卷测试和自我报告，总时间约为20 min。

实验分为三个部分：首先，在实验开始之前，参与者被告知实验的目的、实验操作步骤，并被告知实验不伤害身体，如果他们觉得不舒服可以立刻停止实验。对于第一组被测试者，给参与者佩戴好VR眼镜后，参与者需坐在凳子上保持平静状态，第二、三组的被试者需面对电脑屏幕坐在凳子上保持平静状态。其次，分别给第二组及第三组的被试者播放健身视频和动图详解，给第一组被试者在VR设备中播放与第二组相同的健身视频。要求被试者根据提供的实验材料学习健身动作。最后，要求被试者根据浏览过程中的真实感受填写问卷，问卷以电子问卷的形式进行，并要求被试者通过手机填写问卷。为了保证被试者参加过完整的健身课程，在问卷中设计了实验材料中的健身动作问题，以此标准筛选合格的问卷。正式实验共发放了问卷189份，剔除未认真填写的问卷后，最终得到筛选后的有效问卷176份，其中，三组被试者分别为57、60和59人。

3.3.3 实验结果

笔者主要运用单因素方差分析来检验三种健身形式对用户感知价值的影响差异。以感知价值为因变量，虚拟品牌社区中的健身形式为分类变量，结果三种健身形式对用户感知价值影响存在显著差异 $[F(2,173)=13.757,p<0.001]$。如图3-2所示，虚拟现实视频形式的用户感知价值明显高于普通视频形式和动图详解，同时，普通视频形式也明显高于动图详解形式（$M_{虚拟现实视频}=5.465$，$M_{普通视频}=5.167$，$M_{动图详解}=4.644$，$p<0.01$），假设1通过检验。此外，研究也对其他潜变量进行了单因素方差分析（表3-1），发现不同健身形式所引发的满意度、社区认同及用户忠诚度水平与感知价值相似，都表现为虚拟现实视频形式最高，其次是普通视频形式，而动图详解形式均值最低，这一结果与研究假设也具有潜在的一致性。

表3-1 各潜变量均值

研究类型	研究一			研究二		
	虚拟现实视频	普通视频	动图详解	虚拟现实视频	普通视频	动图详解
感知价值	5.465	5.167	4.644	5.550	5.103	4.664
满意度	5.404	5.038	4.721	5.486	5.057	4.752
社区认同	5.500	4.987	4.646	5.544	5.000	4.703
用户忠诚度	5.316	4.691	4.317	5.308	4.691	4.440
涉入度	5.263	4.638	4.467	5.300	4.618	4.520

3.3.4 实验结论

在虚拟健身品牌社区中，虚拟现实视频的健身形式对感知价值的影响要明显高于普通视频，并进一步高于动图详解。

（1）VR媒体相较于传统媒体，对受众的感知价值产生显著的正向影响。这一结论与以往的交际理论研究和多媒体认知学习理论相一致。Sundar 等人[①]

---

① SUNDAR S S. Technology and credibility: Cognitive heuristics cued by modality, agency, interactivity and navigability[M]//METZGER MJ, FLANAGIN A J. Digital media, youth, and credibility. Cambridge, MA: The MIT Press, 2007: 73-100.

的可信度评估 MAIN 模型表明，丰富的信息呈现可以帮助用户在数字媒体环境中，更好地感知可信度，并做出认知启发式提示。沉浸式媒体以其丰富的新闻体验方式、内容呈现方式受到受众的青睐，其媒体形式更加丰富，呈现形式更加多样化。认知过程受情绪和其他因素的中介作用影响，VR 健身可以将多个信息以多种形式表现出来，更有效地调动受众的多维感官、认知加工系统，从而增强用户的记忆程度。尽管 VR 健身是一种较为新潮、前沿的健身形式，但其新鲜感可以帮助刺激心理兴奋，刺激注意力，从实验操作环境的角度来看，安静的实验环境和详细的讲解可以在一定程度上保证被试者的平静的实验状态。VR 健身、视频健身、普通动图三组之间的差异也凸显了 VR 具有身临其境、丰富叙事形式的技术特征。

（2）VR 健身相较于传统视频或者平面的健身呈现形式对受众的移情产生显著的正向影响。沉浸式的多媒体环境容易诱发情绪反应，在丰富多媒体的环境刺激下，情绪的强烈程度会更高。VR 媒介环境所营造出的"空间感"，更容易对健身者产生移情效应。

（3）在实验组参与者的学习投入和临场感数据方面，这两类数据不仅均高于非实验组参与者，而且实验组的参与者的跟踪数据显示，一周后的健身兴趣和健身习惯保持程度呈现显著相关关系。沉浸感的提高印证了 VR 环境能够增强健身者感知价值这一结果。VR 环境提供了多感知通道，能够帮助健身者整合健身知识，在健身运动时集中注意力，将健身水平拔高到高水平的概念健身，并有机会将其应用到实际健身情景中，获得更显著和持久的健身效果。

3.4 研究二：结构方程模型作用路径的检验

3.4.1 实验程序与测量

为了检验感知价值对用户忠诚度的作用路径，实验设计与变量测量都与研究一保持一致。在学校健身房采用方便抽样的方法，共收集447名受试者，并将其随机分为三组。并采用3.3的实验步骤进行分组实验并收集数据。剔除32份无效问卷后，最终得到415份有效样本。其中，虚拟现实视频、普通视频和图片文字详解三个实验组的样本量分别为138、132、145份。对415份有效问卷中用户个人基本信息进行描述性统计，结果如表3-2所示。

表3-2 用户个人基本信息描述性统计

统计要素	项目	样本/（N=215）	样本百分/%	统计要素	项目	样本/（N=215）	样本百分/%
在虚拟品牌社区中健身时间	3个月以下	45	10.84	年龄	18岁以下	18	4.34
	3~6个月	174	41.93		18~25岁	282	67.95
	6~12个月	128	30.84		25~35岁	43	10.36
	1~3年	52	12.53		35~45岁	39	9.40
	3年以上	16	3.86		45~55岁	27	6.51
性别	男	178	42.89		55以上	6	1.45
	女	237	57.11	月收入	2 000元以下	157	37.83
教育程度	高中及以下	13	3.13		2 000~3 500元	84	20.24
	大专	6	1.45		3 501~5 000元	57	13.73
	大学本科	245	59.04		5 001~10 000元	21	65.06
	硕士及以上	151	36.39		10 000元以上	96	23.13

3.4.2 健身形式对感知价值的影响

为了进一步验证研究一中的结论，我们先用单因素方差分析，来检验健身形式对用户感知价值影响的差异，再用结构方程模型来检验感知价值对用户忠诚度的影响路径。通过单因素方差分析，我们发现了三种健身形式对用户感知价值影响存在显著差异 [$F(2, 412) = 21.798$, $p < 0.001$]，表现为虚拟现实视频形式的用户感知价值明显高于视频形式和动图详解，普通视频形式也明显高于动图详解形式（$M_{虚拟现实视频} = 5.550$, $M_{普通视频} = 5.103$, $M_{动图详解} = 4.664$），进一步验证了假设1。此外，与研究一相似，不同健身形式所引发的满意度、社区认同和用户忠诚度水平也呈现显著差异（表3-3），均表现为虚拟现实视频形式最高，其次是普通视频形式，而动图详解形式中的均值最低，说明研究一所得结论具有稳定性。

表3-3 潜变量、指标、来源、标准载荷及信度

潜变量		编号	指标	来源	标准载荷	AVE	CR	克朗巴哈系数
感知价值	功能价值	PV1	这种健身形式可以提供给我关于健身的信息和知识	Wang 等[1]	0.812	0.542	0.876	0.798
		PV2	这种健身形式帮助我拥有更好的体验		0.724			
		PV3	我能得到建议，帮助我解决健身问题		0.737			
	享乐价值	PV4	这种健身形式让我觉得很快乐		0.719			
		PV5	在虚拟品牌社区中结识了健身兴趣相同的朋友		0.693			
		PV6	我很享受我在这种健身形式中的体验		0.727			
满意度 SA		SA1	这种健身形式的产品和服务能够满足我的期待	TSAI 等[2]	0.806	0.619	0.867	0.765
		SA2	我对这种健身形式提供的产品和服务满意		0.804			
		SA3	选择该健身形式是明智的		0.757			
		SA4	使用该健身形式的决策令我很高兴		0.779			
社区认同 CI		CI1	我觉得我是该健身形式中的一员	Hsien 等[4]、Bhattacharya 等[3]	0.813	0.647	0.880	0.824
		CI2	使用该健身方式的用户与我有相似的健身爱好		0.841			
		CI3	我是这种健身形式的活跃使用用户		0.778			
		CI4	如果他人夸奖该健身形式，我会感到很有荣誉感		0.784			

[1] WANG Y, FESENMAIER D R. Modeling participation in an online travel community[J]. Journal of Travel Research, 2004, 42(3): 261-270.

[2] TSAI C L, WANG W L.Exercise-mode-related changes in tasks-witching performance in the elderly[J].Front Behave Neurosci, 2015(9): 56.

[3] BHATTACHARYA C B, SEN S. Consumer-company identification: A framework for understanding consumers' relationships with companies[J]. Journal of Marketing, 2003, 67(2): 76-88.

[4] HSIEN M T, HUANG H C, YIMMONG J, et al. Why online customers remain with a particular e-retailer: An integrative model and empirical evidence[J]. Psychology & Marketing, 2010, 23(5): 447-464.

续表

潜变量	编号	指标	来源	标准载荷	AVE	CR	克朗巴哈系数
用户忠诚度 LOY	LOY1	我非常愿意使用这种健身形式	Zeithaml 等[①]	0.798	0.562	0.837	0.781
	LOY2	我会再次通过这种健身形式进行健身运动		0.745			
	LOY3	我会推荐别人使用这种健身形式		0.689			
	LOY4	我很愿意对该健身形式给出积极正面的评价		0.762			
涉入度 INV	INV1	有可供选择的健身品牌及产品时，我很在意选择哪一个	Zaichkowsky 等[②]	0.621	0.599	0.815	0.811
	INV2	正确选择这种健身形式对我来说很重要		0.863			
	INV3	我很在意选择这种健身形式之后的结果		0.817			

3.4.3 感知价值对用户忠诚度的影响

3.4.3.1 信效度分析与相关分析

本研究对正式实验中所用的感知价值（PV）、满意度（SA）、社区认同（CI）、用户忠诚度（LOY）和涉入度量表（INV）进行信度检验，结果表明，问卷中各变量的 Cronbach's α 分别为0.798、0.765、0.824、0.781和0.811，信度检验通过。对此数据进行探索性因子分析，结果显示，KMO 值为0.928，Bartlett 的球形检验 p 值接近于0，因此问卷的结构效度良好。表3-4结果显示，所有观测指标在相应潜变量上的载荷均大于在其他潜变量上的载荷，且所有潜变量的 AVE 的平方根均大于各个潜变量之间的相关系数，样本有较好的判别效度。

[①] ZEITHAML V A, PARASURAMAN A, MALHOTRA A. Service quality delivery through web sites: A critical review of extant knowledge[J]. Journal of the academy of marketing science, 2002(4): 362-375.

[②] ZAICHKOWSKY J L. The personal involvement inventory: Reduction, revision, and Application to advertising[J]. Journal of Advertising, 1994, 23(4): 59-70.

表3-4 量表收敛效度检验结果

	PV	SA	CI	LOY	INV
PV	0.736				
SA	0.358	0.787			
CI	0.579	0.387	0.804		
LOY	0.443	0.586	0.553	0.749	
INV	0.354	0.369	0.323	0.474	0.774

3.4.3.2 结构方程模型分析

对模型进行路径检验，LISREL 主要通过模型的各个拟合优度指标来判断拟合程度。结果显示，拟合优度指标都在可以接受的范围内，其中，$\chi^2/df = 2.373$、$RMSEA = 0.064$、$CFI = 0.988$、$GFI = 0.864$、$IFI = 0.921$。上述数值均说明模型整体拟合较好。

图3-2给出了模型的路径分析结果显示，各个主要的假设都得到了验证。假设 H2~H5 都得到了验证。具体情况如表3-5所示。

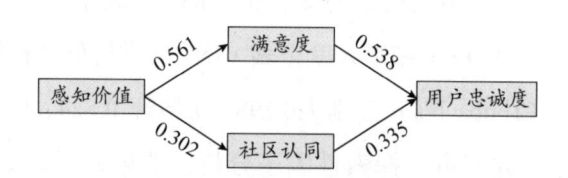

图3-2 模型路径检验结果

表3-5 假设检验回归

路径	标准回归系数	T	假设是否成立
PV → SA	0.561	8.852	成立
PV → CI	0.302	4.818	成立
SA → LOY	0.538	7.096	成立
CI → LOY	0.335	4.453	成立

用户的感知价值、满意度和社区认同：由模型图可见，感知价值到满意度的路径系数为0.561（$p<0.001$），假设2成立；感知价值到社区认同的路径系数为0.302（$p<0.001$），假设3成立。满意度、社区认同和用户忠诚度：满意度到

用户忠诚度的路径系数为0.538（$p<0.001$），假设4成立；社区认同到用户忠诚度的路径系数为0.335（$p<0.001$），假设5成立。

3.4.4 涉入度的调节效应分析

为了验证涉入度的调节作用，首先将样本根据涉入度分为高涉入组和低涉入组，并进行聚类分析。然后，在LISREL中分组分析构建结构方程模型并进行数据分析。第一步是自由估计两组结构方程的回归系数。由表3-6可以看出，不能直接判断出两个样本之间H2~H5路径系数的差异的显著性，因此需要第二步：限制该路径的回归系数在两子样本间相等，从而得到新的卡方值和自由度，分别记为χ^2_2和df_2。第三步：计算限制路径系数前后的卡方值和自由度之差，分别记为$\Delta\chi^2$和Δdf，并对$\Delta\chi^2$进行显著性检验。如果差异显著，则路径的回归系数在两个子样本之间存在显著差异。结果如表3-7所示。

表3-6 路径系数差异性检验结果

路径	低涉入组 路径系数	T	高涉入组 路径系数	T
PV → SA	0.392***	4.014	0.701***	4.843
PV → CI	0.285**	3.156	0.396***	3.641
SA → LOY	0.455***	5.184	0.751***	5.128
CI → LOY	0.267***	3.243	0.319*	1.997

$\chi^2=861.49$，$df=386$

注：*$p<0.05$，** $p<0.01$，*** $p<0.001$。

表3-7 路径系数差异性检验结果

路径	路径系数 低涉入组	路径系数 高涉入组	χ^2_1	χ^2_2	$\Delta\chi^2$	差异是否显著
PV → SA	0.392***	0.701***	861.49	867.98	6.24**	是
PV → CI	0.285**	0.396***		862.64	2.18	否
SA → LOY	0.455***	0.751***		865.05	5.47**	是
CI → LOY	0.267***	0.319*		861.38	-0.25	否

$\chi^2=861.49$，$df=386$

注：*$p<0.05$，** $p<0.01$，*** $p<0.001$。

对于高、低涉入用户来说，感知价值对于满意度和社区认同的影响都是显著的，涉入度高用户在健身过程中由感知价值形成的满意度（0.701***）和社区认同（0.396***）均强于低涉入用户（0.392***、0.285**）。满意度和社区认同对于用户忠诚度的影响都是显著的，涉入度高用户在健身过程中由满意度和社区认同形成的用户忠诚度（0.751***、0.319*）均强于低涉入用户（0.455***、0.267**）。感知价值对满意度的影响程度（$\Delta\chi^2 = 6.24^{**}$）以及满意度对用户忠诚度的影响程度（$\Delta\chi^2 = 5.47^{**}$）因涉入度的调节而产生差异，感知价值对社区认同的影响（$\Delta\chi^2 = 2.18$）以及社会认同对用户忠诚度的影响（$\Delta\chi^2 = -0.25$）对于涉入度不同的用户而言无明显差异。因此假设6部分成立。

3.5 研究结论与建议

3.5.1 研究结论

研究共进行了两次组间实验，检验了健身形式对虚拟品牌社区中感知价值的影响差异，进一步揭示了感知价值对用户忠诚度的作用路径，以及涉入度对作用路径的调节作用。具体结论如下。

（1）越具有可视性、灵活性和响应能力的健身形式，对感知价值的影响效应越明显。用户感知的价值基于不同的场景会有区别，与普通视频和平面图文信息相比，虚拟现实视频综合了人类的感知功能，结合超强的仿真系统，帮助用户在随意操作的过程中得到及时且真实的反馈，因此用户给予基于虚拟现实设备的运动形式较高的价值评估。

（2）用户对该种健身形式的满意度和社区认同在感知价值和用户忠诚度之间起中介作用。用户感知到参与网络健身能够获得全面的健身器材操作和健身动作指导等知识，社交的健身分享和互动帮助社区成员之间形成牢固的情感纽带，即虚拟健身品牌社区功能能达到用户的需求和期待时，感知到的虚拟品牌社区的价值就会促进用户形成高满意度及社区认同。满意并认同现有的虚拟健身品牌社区的用户会吸引拥有相似健身理想、爱好和身份认同的其他用户，更愿意继续在该平台上投入更多时间和精力，其发生转换行为的可能性更低，因此更可能重复购买和传播正面口碑。

（3）涉入度在感知价值对满意度，以及满意度对用户忠诚度的影响中起调节作用。对于涉入度较高的用户，在虚拟健身品牌社区中投入的时间和精力相对较多，承担的健身安全风险相对较低，因此对该健身形式感知到更高的价值后能产生更高的满意度；同时，高涉入度用户在网络健身过程中越感到满意，越能产生再次使用及推荐意愿。而感知价值对社区认同的影响以及社会认同对用户忠诚度的影响对于涉入度不同的用户而言无明显差异，这说明无论是高涉入度还是低涉入度的用户，无论用户是否认为选择某种虚拟健身品牌社区健身的决策重要，感知价值都会通过促进社会认同，从而产生用户忠诚度，即用户不会因为不在乎使用哪种健身形式就忽略自己对于该健身形式所在的虚拟品牌社区认同的需求。

3.5.2 管理启示

（1）虚拟健身品牌社区应该明确其价值定位，通过发布健身知识、与其他健身者打卡互动竞争来提高用户的感知价值。如提供科学健身和饮食的科普知识，从而提高目的价值；针对不同类型的用户采取相应的推荐策略，以及安排相应的健身课程，设计有趣的相关健身课程来吸引用户参与，从而提高娱乐价值；鼓励用户分享到朋友圈签到打卡获取隐藏的课程福利，吸引更加多元的用户以提高社交价值。

（2）企业可以定期收集社区中用户的社交互动信息，分析用户评论、弹幕以及相关的情感变化，从而判断其满意度的变化，评估用户对该健身品牌或产品的认同程度，从而相应地调整运营策略。

（3）高校应展开虚拟现实技术与健身相结合的科研工作，将虚拟现实技术实验室与健身项目融合创新，用新型的 VR 技术吸引高校学生趣味健身，达到积极响应国家号召"全民健身"的目的。

3.5.3 研究不足与展望

由于时间和研究范围的限制，本研究也存在一定的局限性，需要在未来研究中进行进一步的探索。首先，由于时间的限制，本研究所选择的虚拟品牌社区以及相关的研究样本有限，后续研究应更多地在虚拟品牌社区研究和样本收集的基础上，对本研究结论的一般性问题进行深入研究。其次，本研究构建的概念模型侧重于社区特征与健身用户忠诚度之间的关系，由于用户忠诚度不仅仅受到本研究中所列的因素影响，还受到其他相关因素的影响，这些因素将留待进一步研究。

第4章 网络健身沉浸体验对唤醒人们运动的情绪和行为的影响

4.1 研究背景

全民健身活动是我国城市居民获得幸福感的重要途径，也是健康中国建设的重要内容。据《2020中国健身行业数据报告》显示，国内商业健身行业的健身会员达到730万人。网络健身活动至2020年6月，仅 Keep 平台线上用户就超过了2亿人，运动消费品销售规模超过10亿元。与传统运动健身相比，网络健身具有时间更加灵活、场地限制少等优势，也符合后疫情时代人群聚集和流动减少的需求。但是网络健身活动在教学方面，却往往存在着教练教学水平低、运动场景不逼真、健身视频影像效果差、网络直播互动效果不好等问题。而在网络健身学员学习方面，由于缺乏面对面的教学训练环节，教练无法对健身用户进行实时监督和及时检查，学员之间也难以面对面地交流学习心得，很难开展相互督促和比较，使得健身学习效果的反馈困难。这些问题降低了网络健身用户的愉悦感和唤醒度，不利于健身用户良好的锻炼态度和习惯的培养。

现有的网络健身研究主要围绕以下三个层面，一是基于"网络健身"新模式的特征分析及发展策略研究，陈坚伟[1]从健身应用分析了网络健身的现状、问题与前景，认为线上线下融合的健身模式能够为健身用户带来更加科学合理的服务。二是探讨了网络健身行业的发展特征，周结友等[2]指出网络健身具有

---

[1] 陈坚伟.从健身应用分析"互联网+健身"的现状、问题与前景[J].体育科学，2016，36（9）：20-27.

[2] 周结友，彭文杰."互联网+健身"消费特征及其形成机理解析[J].西安体育学院学报，2020，37（5）：551-557.

需求多元化、模式多样化、场景虚拟化等特征，探讨了网络健身行业的特点；张晗等[1]调查了健身App资源的下载和使用特征，对网络健身服务和商业模式进行了分析。三是从网络健身的用户角度出发，分析健身用户选择网络健身的原因，刘东锋等[2]探讨了新型冠状病毒肺炎疫情期间网络健身用户持续使用意愿的影响因素研究，提出了感知有用性、易用性和趣味性的维度。虽然网络健身活动构建了便捷的有效健身渠道，但是网络健身的应用时间不长，进行网络健身用户沉浸体验、情绪感受和行为意愿的作用关系的研究深入得还不多。本研究抓住网络媒介的交互性、多感知、多构性、体验感等特点[3]，认为健身用户的沉浸体验能够有效影响其体验和情绪，进而影响用户的健身态度和习惯。因此，网络健身体验效果应综合考虑沉浸体验、唤醒度、愉悦感、健身态度和习惯等多种因素和变量的相互作用关系。[4]

网络健身用户沉浸体验、情绪和行为研究仍处于起步阶段，网络健身用户的沉浸体验、情绪以及行为之间的内在作用关系和影响机理仍有待深入研究。本研究拟以此为契机，通过对网络健身用户开展调查问卷的方法，采集用户在健身互动过程中产生的沉浸体验、情绪和行为数据，根据"S-O-R"分析框架，通过多元统计分析方法，利用SPSS、AMOS软件，开展网络健身用户沉浸体验、愉悦感和唤醒度、锻炼态度和习惯的行为影响的数据分析，研究其中内在的数据关联联系。有针对性地开展网络健身的互动效果提升、健身情绪刺激、锻炼态度引导和用户习惯养成等研究，有的放矢地提升网络健身运动服务质量和参与度。

---

[1] 张晗，刘新华.健身指导App资源及使用行为的调查研究[J].武汉体育学院学报，2017，51（10）：37-42.

[2] 刘东锋，傅钢强.新型冠状病毒肺炎疫情期间在线健身服务用户持续使用意愿的影响因素研究[J].体育学研究，2020，34（2）：41-50.

[3] 罗刚，袁磊，莫文.泛在学习环境下的大学师生关系现状调查[J].教育现代化，2019，6（66）：226-230.

[4] 骆意.基于TAM的大学生移动健身App使用影响因素的实证研究[J].首都体育学院学报，2017，29（1）：72-77.

4.1.1 问题的提出

网络健身活动具有时间灵活、健身场地限制少的特点，网络健身流媒体用户在使用训练场景时，会产生沉浸感体验，进而影响健身用户的锻炼态度和习惯。但也存在着不能面对面教学，监督和反馈效果相对较差等问题。本研究以"S-O-R"模型为基础，通过问卷调查收集网络健身者的数据，构建了以网络健身用户的沉浸体验为解释变量，唤醒度和愉悦度为中介变量，用户的健身行为态度和习惯为潜因变量的结构方程模型分析框架，并使用 SPSS 25.0 和 AMOS 23.0 进行分析。实证研究结果表明，网络健身用户的沉浸体验对健身用户的习惯和态度产生直接正向影响；唤醒度和愉悦度在网络健身沉浸体验与健身行为之间起中介作用，显著影响着用户的健身态度及习惯。这些研究进一步丰富了健身用户的沉浸体验、情绪和行为的影响机理，为网络健身活动的研究提供了新视角。

4.1.2 文献回顾

4.1.2.1 沉浸体验

沉浸体验源于"心流"研究[1]，是一种发生在虚拟或真实的体验中的主观经验，主要涉及人们身体或精神上参与的心理状态[2]。虚拟现实等技术的应用，增强了用户的沉浸体验，并在此基础上分析其概念内涵、维度划分、形成和影响机制。Jennett 等[3]认为沉浸是一种较高程度的涉入感受，其测量维度包括失去时间意识、失去现实世界感知以及参与环境中的存在感三类。Cheng 等[4]指

---

[1] CSIKSZENTMIHALYI M. Beyond boredom and anxiety: Experiencing flow in work and play [M]. San Fransisco: JosseyBass Publishers, 1975: 36-54.

[2] HUDSON S, MATSON-BARKAT S, PALLAMIN N. With or without you? Interaction and immersion in a virtual reality experience[J]. Journal of business research, 2019, 100(7): 459-468.

[3] JENNETT C, COX A L, CAIRNS P, et al. Measuring and defining the experience of immersion in games[J]. International journal of human-computer studies, 2008, 66(9): 641-661.

[4] CHENG M T, SHE H C, ANNETTA L A. Game immersion experience: Its hierarchical structure and impact on game-based science learning[J]. Journal of computer assisted learning, 2015, 32(3): 232-252.

出沉浸是一个从认知到参与的连续过程，具有参与、全神贯注及完全沉浸三个阶段。Cuny 等[1]则认为沉浸是体验的渠道，越深入沉浸体验越能给用户带来更加不同寻常，甚至非凡的体验。

现有有关沉浸的作用机理主要分为两个方面：用户的沉浸体验对个体心理的作用及对行为意向的影响和作用。对用户心理的影响主要体现在影响用户的虚拟体验[2]、愉悦感[3]、满意度[4]、失去自我意识等；对用户行为的影响主要体现在影响用户态度[5]、互动满意度[6]、忠诚度[7]等。在虚拟现实、增强现实等现代技术的广泛应用刺激下，企业既帮助增强了用户体验的临场感与沉浸体验，也实

---

[1] CUNY C, FORNERINO M, HELME-GUIZON A. Can music improve e-behavioral intentions by enhancing consumers' immersion and experience?[J]. Information & management, 2015: 52(8): 1025-1034.

[2] MORÉLOT, GARRIGOU A, DEDIEU J, et al. Virtual reality for fire safety training: Influence of immersion and sense of presence on conceptual and procedural acquisition[J]. Computers & Education, 2021, 166: 104-145.

[3] ROSE T, NAM C S, CHEN K B. Immersion of virtual reality for rehabilitation – Review[J]. Applied Ergonomics, 2018, 69: 153-161.

[4] BORMANN D, GREITEMEYER T. Immersed in virtual worlds and minds: effects of in-game storytelling on immersion, need satisfaction, and affective theory of mind[J]. Social Psychological & Personality Science, 2015, 6(6): 352-353.

[5] BLUMENTHAL V, JENSEN Ø. Consumer immersion in the experience scape of managed visitor attractions: The nature of the immersion process and the role of involvement[J].Tourism management perspectives, 2019, 30(4): 159-170.

[6] HAMILTON M, KALTCHEVA V D, ROHM A J. Social media and value creation: The role of interaction satisfaction and interaction immersion[J]. Journal of interactive marketing, 2016, 36(12): 121-133.

[7] KERREBROECK H V, BREGMAN M, WILLEMS K. Escaping the crowd: An experimental study on the impact of a virtual reality experience in a shopping mall[J]. Computers in human behavior, 2017, 77(12): 437-450.

现了服务方式升级与创新。同样在网络健身的研究领域中,黄亚玲等[1]指出,由于网络媒介具有交互性、多感知、多构性、体验感等特点,虚拟现实等媒介技术已经在全民健身、体育教育等项目中得到应用。因此,全民健身与网络媒介融合锻炼体验效果的影响因子应综合考虑沉浸体验、唤醒度、愉悦感、健身习惯和态度等多种因素。

4.1.2.2 用户情绪

情绪作为最终复杂的心理现象,构成了人类主要的动机系统,调整和指引人类行为,并伴随在人类的一切行为活动中。[2]对于情绪的分类,目前没有一个统一的标准。Russell等[3]在研究中证实,将情绪划分为"唤起"与"愉快"两维度即可解释其各种特性,这也是目前情绪维度划分最广泛采用的方法。Izard[4]则将情绪状态大致分为正面情绪、负面情绪和中性情绪三类。

在"S-O-R"模型框架下,个体的情绪状态通常受到特定的外部刺激影响,突然暴露于刺激中会引起积极或消极的自主唤醒状态,从而引发对刺激的认知分析及生理反应,导致一种描述为情绪的感觉。如商家采用网络购物节等手段营造消费气氛,通过刺激用户的情绪反应影响其冲动购物行为。[5]根据认知行为理论,用户的情绪、情感改变其认知进而影响用户的行为。谢龙等[6]指出高

---

[1] 黄亚玲,邵焱颉.网络体育组织发展:虚拟与现实的挑战[J].北京体育大学学报,2015,38(11):1-6.

[2] CSIKSZENTMIHALYI M. Flow: The psychology of optimal experience[M]. NewYork: Harper & Row, 1991.

[3] RUSSELL, RUBIA, BULLMORE, et al. Exploring the social brain in schizophrenia: Left prefrontal underactivation during mental state attribution[J]. American journal of psychiatry, 2000, 157(12): 2040-2042.

[4] IZARD C E. Basic emotions, relations among emotions, and emotion-cognition relations[J]. Psychological Review, 1992, 99(3): 561-565.

[5] 刘洋,李琪,殷猛.网络购物节氛围对消费者冲动购物行为的刺激作用[J].商业研究,2018(7):18-23.

[6] 谢龙,赵东平,严进洪.青少年体育锻炼态度与行为的关系性研究[J].天津体育学院学报,2009,24(1):72-74.

情感体验的锻炼者有较高的目标态度和行为习惯。Martin 等[1]指出用户的情绪通过影响其对满意度和服务质量的感知，从而影响未来的行为意向。张文娟等[2]认为体育活动意向的形成及行为习惯的养成依赖于人的动机、效能、意志力和情绪。此外，情绪感染理论认为情绪接受者产生情绪共鸣后，其行为态度也会被影响，如陈香等[3]就指出品牌励志故事通过读者对故事人设情感共鸣增强其对品牌的积极态度和偏好。

4.1.2.3 健身行为习惯及态度

运动健身用户行为习惯，一般是指在场地、时间、设备、同伴、指导员等特定的情景刺激下，与个体锻炼参与活动之间，通过反复练习形成的牢固联系、高度自觉、生活化的行为倾向。[4] 陶勇等[5]经研究指出对健身的兴趣、意志品质、设施器材因素、健身的情感体验、校园体育文化氛围、各种体育竞赛影响、对健身的认识、专人的指导和带领是影响大学生体育健身行为习惯形成的主要因素。通过研究行为习惯，包括锻炼强度、锻炼时间、锻炼频率，可以有效预测体育锻炼行为。[6]

体育态度是指锻炼者参与体育活动时行为反应的倾向性或准备态度，是个

---

[1] MARTIN D, O'NEILL M, HUBBARD S, et al. The role of emotion in explaining consumer satisfaction and future behavioural intention[J]. Journal of Services Marketing, 2008, 22(3): 224-236.

[2] 张文娟，毛志雄.青少年体育活动意向与行为的关系：行动控制与情绪的中介作用[J].北京体育大学学报，2016，39（3）：81-87.

[3] 陈香，郭锐，Cheng L W，等.残缺的力量：励志品牌故事人设健全性对消费者品牌偏好的影响[J].南开管理评论，2019，22（6）：4-15.

[4] 毛荣建.青少年学生锻炼态度—行为九因素模型的建立及检验[D].北京：北京体育大学，2003.

[5] 陶勇，代春玲.对湖北省高校大学生健身行为习惯及其影响因素的调查研究[J].首都体育学院学报，2007（4）：84-86+99.

[6] 黄中华.移动健身App对大学生体育锻炼行为意向和行为习惯的影响[J].浙江体育科学，2018，40（3）：96-101.

人坚持参与体育活动不可或缺的心理因素。[①] 体育锻炼态度对提高人们的体育活动和运动成绩非常重要，因为它可以调节其对体育项目或参与体育锻炼的行为选择和反应，影响人们对体育知识的学习、掌握以及体育锻炼效果的达成。[②]

4.2 概念模型与研究假设

4.2.1 概念模型

综上所述，本研究建立了如图4-1所示的研究模型。

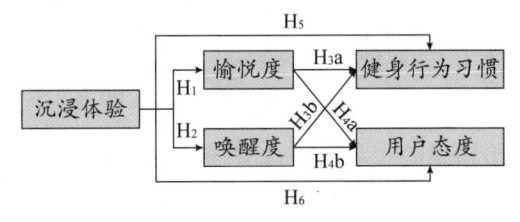

图4-1 研究模型

4.2.2 研究假设

4.2.2.1 沉浸体验对情绪的影响

学者研究发现，线上的沉浸体验与情绪反应之间存在因果关系：当用户完全沉浸于网络健身环境中时，他们对积极情绪的主观感知会增强，带来更多的积极效应。[③] 如 Hamilton 等[④] 就指出，当用户沉浸在工作或娱乐中时，他们对时间流逝的敏感度会降低，自我意识也会随之减弱。其注意力会高度集中在当前的工作或者娱乐活动上，暂时"逃避"和遗忘需要解决的问题，用户将获得

---

① 马启伟，张力为.体育心理学 [M].北京：高等教育出版社，2000：105-113.

② 徐春峰，李钦.体育信息媒介接触对研究生体育锻炼态度和行为的影响：以辽宁省代表性高校为例 [J].学位与研究生教育，2020（11）：56-62.

③ 徐铷忆，陈卫东，郑思思，等.境身合一：沉浸体验的内涵建构、实现机制与教育应用：兼论 AI+ 沉浸式学习的新场域 [J].远程教育杂志，2021，39（1）：28-40.

④ HAMILTON M, KALTCHEVA V D, ROHM A J. Social media and value creation: The role of interaction satisfaction and interaction immersion[J]. Journal of interactive marketing, 2016, 36(12): 121-133.

短暂又真实的快乐和享受。Lee 等[①]认为更加广阔的视野和更具象化的交互设计，如接触、注视、手势等沉浸式交互设计为用户提供接近真实物理环境的虚拟交互空间、三维控制感以及真实感，增加用户完成健身任务或目标的专注程度。尤其是近年来 VR 等技术的兴起，集计算机等多技术生成虚拟环境能将现实场景虚拟化，其更强烈的沉浸体验、交互性与构想性极大地丰富了传播方式与媒介形态，VR 等技术在视频、直播、游戏等大众文娱消费领域得以充分利用，进一步促使用户全身心投入在健身场景和氛围中，帮助其在使用线上健身产品和享受服务的过程中获得快乐。

在线沉浸体验对情感反应有正向的影响作用。即当用户完全沉浸在网络环境中时，用户对积极情绪的主观感知会增强，会产生更多的积极效应。[②]虚拟现实等技术给用户带来更多身临其境的体验，激发用户不自觉地产生积极的情感认知。[③]另外，Steffen 等[④]指出，丰富的沉浸体验与玩家的品牌态度之间，存在着显著的正向影响效应，说明沉浸感能够积极地唤醒消费者的情绪和认知，潜移默化地激活玩家对活动相关刺激的积极感知。基于以上考虑，提出以下假设：

H1：网络健身中沉浸体验正向影响用户愉悦度。

H2：网络健身中沉浸体验正向影响用户唤醒度。

[①] LEE B, BACH B, DWYER T, et al. Immersive analytics: An introduction[J]. IEEE Computer Graphics and Applications, 2018, 39(3): 16-18.

[②] NOVAK T P, HOFFMAN D L, YUNG Y F. Measuring the customer experience in online environments: A structural modeling approach[J]. Marketing Science, 2000, 19(1): 22-42.

[③] LI H, DAUGHERTY T, BIOCCA F. Impact of 3-D advertising on product knowledge, brand attitude, and purchase intention: The mediating role of presence[J]. Journal of Advertising, 2002, 31(3): 43-57.

[④] STEFFEN C, MAU G, SCHRAMM-KLEIN H. Who is the loser when I lose the game? Does losing an advergame have a negative impact on the perception of the brand?[J]. Journal of Advertising, 2013, 42(2-3): 183-195.

4.2.2.2 情绪对行为习惯及态度的影响

体育锻炼习惯是通过长期、系统的锻炼，在兴奋和抑制交替的过程中，各种运动刺激有规律地协调成条件反射的链系统，从而形成的感觉"记忆痕迹"构型或运动配置，最后在生理层面实现动力定型。心理机制是在运动需要的基础上产生运动动机，通过制定体育目标活动，活动主体可以体验到体育的兴趣，产生愉快的情感体验，在反复活动、强化这一心理轨迹的过程中，可以逐渐实现体育锻炼的习惯。当锻炼者在体育活动中体验到积极情绪时，这种体验反过来会形成一种追求，继续满足自己的需求，从而产生更高的运动兴趣，更有利于其体育锻炼习惯的形成。

情绪会影响用户处理信息的方式、对事物的态度，特别是当用户处理和思考所提供的信息时，情绪通常会成为他们说服自己的基础，甚至会因为情绪而使信息本身产生偏差。体验式健身活动的内在价值，来源于用户对健身活动本身的喜欢和欣赏，用户对活动的沉浸感和享受乐趣，意味着他们与活动有高度的和谐和默契，因此他们对活动有更积极的价值感知。网络健身所带来的乐趣和享受会提升用户对健身活动的感知价值，从而促进用户的持续使用行为。[1] 喜欢参与在线健身活动的用户，能够更多地关注到活动所呈现的积极信息，从而用积极的态度对待健身活动，愉快的活动体验也往往意味着用户对活动本身有更好的评价，从而产生更好的活动态度。[2] 基于以上考虑，提出以下假设：

H3a：网络健身中愉悦度正向影响用户健身行为习惯。

H3b：网络健身中唤醒度正向影响用户健身行为习惯。

H4a：网络健身中愉悦度正向影响用户态度。

H4b：网络健身中唤醒度正向影响用户态度。

---

[1] HAMARI J. Why do people buy virtual goods? Attitude toward virtual good purchases versus game enjoyment[J]. International Journal of Information Management, 2015, 35(3): 299-308.

[2] CHANG H H, WANG I C. An investigation of user communication behavior in computer mediated environments[J]. Computers in Human Behavior, 2008, 24(5): 2336-2356.

4.2.2.3 沉浸体验对行为习惯及态度的影响

网络健身能够打造出一个能让人沉浸体验的健身氛围，其构建的线上健身场景能够让用户更加投入地进行健身运动。将 VR 技术与大数据智能平台进行线上线下联动，根据移动智能终端的收集与反馈制订科学的训练方案，帮助用户高效完成各种健身任务，实现用户预设的健身目标，最终培养良好的健身行为习惯。然而想要提升专业技能，对健身者进行职业化技能培训，大量耗材和实验风险是许多实体实验和培训机构普遍面临的挑战。沉浸式体验空间将虚拟与真实特征融合，可以减少实验训练材料的损耗，降低实验试错以及风险成本，并结合一些健身锻炼的内容，精准地帮助锻炼者实现训练，养成良好的健身习惯。

沉浸体验也会对网络健身的活动态度产生直接的正向影响。互联网上的沉浸体验增加了健身活动对自身的"黏性"，延长了用户利用网络健身的使用时间，用户愿意花更多的时间和精力在移动端的健身 App 上，也有很强的重复使用意愿[1]，随着用户的沉浸度越高，他们对网络健身的态度也会表现得更加积极。用户沉浸度的提高对其健身活动的态度有积极的影响，用户沉浸度越高，表现为越愿意参与健身项目和活动。[2] 企业将健身活动视为与用户互动的中间桥梁，当用户沉浸于在线健身的互动过程中，锻炼方式的新颖性和生动性使得用户对健身活动产生更积极的评价。[3] 据此，本研究提出以下假设：

H5：网络健身中沉浸体验正向影响用户健身行为习惯。

H6：网络健身中沉浸体验正向影响用户态度。

---

[1] YANG, ASAAD, YOUSRA, et al. Examining the impact of gamification on intention of engagement and brand attitude in the marketing context[J]. Computers in Human Behavior, 2017, 73(8): 459-469.

[2] HSU C L, LU H P. Why do people play on-line games? An extended TAM with social influences and flow experience[J]. Information & Management, 2004, 41(7): 853-868.

[3] HO S S, LWIN M O, SNG J R H, et al. Escaping through exergames: Presence, enjoyment, and mood experience in predicting children's attitude toward exergames[J]. Computers in Human Behavior, 2017, 72(7): 381-389.

4.3 模型的检验与效度分析

4.3.1 量表设计

基于以上的文献讨论、研究假设以及图4-1的研究框架，本研究对每一个问卷问项进行了信效度测试，再用SPSS主成分分析法删除了部分问项，最终得到5个潜变量、22个问项。问卷采用李克特式等级评分方法，分为7个等级，1为"非常不同意"，7为"非常同意"。其中，潜在变量为沉浸体验；中介变量包含网络健身者的愉悦度及唤醒度；因变量包含健身行为习惯和用户态度。

表4-1 问卷包含的潜变量与相关题项及可靠性检验

潜变量	测量变量的简要描述	变量数	克朗巴哈系数
沉浸体验（IE）	Q1.1自觉注意健身内容、Q1.2失去时间意识、Q1.3忘记周围环境、Q1.4沉迷完成健身目标、Q1.5专注健身过程	5	0.852
愉悦度（P）	Q2.1感到开心、Q2.2感到快乐、Q2.3感到满足、Q2.4感到轻松	4	0.888
唤醒度（A）	Q3.1感到激动、Q3.2感到兴奋、Q3.3感到刺激、Q3.4感到惊喜	4	0.892
健身行为习惯（BH）	Q4.1自觉参与健身、Q4.2明确规划训练、Q4.3保证锻炼时间、Q4.4保证锻炼次数、Q4.5养成锻炼习惯	5	0.901
用户态度（BA）	Q5.1满意网络健身服务、Q5.2参与网络健身很放松、Q5.3继续参加网络健身、Q5.4网络健身更好	4	0.874

4.3.2 数据收集

本问卷设计分地区在微信朋友圈等处大规模发放问卷，广泛邀请有过网络健身经验的用户参与调查，共回收调查问卷810份，其中，有网络健身经验的问卷454份，最终筛选出有效问卷为404份。

本次调查问卷中包括了性别、年龄、文化程度、月可支配收入、职位等人口统计变量。数据来自不同人群，其中，男女比例分别为36.39%和63.61%；各年龄段，35岁及以下的占73.56%，35岁以上的占26.46%，即参与网络健身的年轻人比例较年长者比例高得多；文化程度，具有本科及以上学历的占72.77%；同时在收入和消费方面，月可支配收入在5 000元以下占69.06%（表4-2）。

表4-2 样本描述性统计表（N=404）

统计变量	选项内容	样本数	百分比/%	统计变量	选项内容	样本数	百分比/%
性别	男	147	36.39	文化程度	高中及以下	45	11.14
	女	257	63.61		专科	64	15.84
年龄	18岁及以下	9	2.23		本科	229	56.68
	18~25岁	186	46.04		硕士	56	13.86
	25~35岁	102	25.25		博士	9	2.23
	35~45岁	70	17.33	职位	企业、公司职员	83	20.54
	45岁及以上	37	9.16		公务员	21	5.20
月可支配收入	≤2 000	140	34.65		个体经营者	53	13.12
	2 000~5 000	139	34.41		工人	40	9.9
	5 000~8 000	84	20.79		事业单位工作人员	30	7.43
	8 000~12 000	24	5.94		学生	43	10.64
	12000~20000	11	2.72		自由职业	22	5.45
	20 000及以上	3	0.74		其他	12	2.97

4.3.3 探索性因子和相关分析

为了验证问卷设计的可靠性，在采用结构方程模型分析之前，首先对数据进行探索性因子分析。取样足够度的KMO值为0.963（显著大于0.5），Bartlett的球形度检验的p值接近为0，说明问卷的结构效度良好。可靠性分析显示，6个因子的克朗巴哈系数（Cronbach's α）信度值都大于0.852（表4-2），全部测量题项的Cronbach's α为0.963，表明本研究的测量题项及整体问卷都具有较好程度的内部一致性。

表4-3提供了各个因子（潜变量）之间的相关系数以及显著性水平。大部分潜变量之间都是显著相关的，特别是愉悦度与用户态度之间的关系，两者之间有最大的相关性。表中每个潜变量的AVE值（即平均解释方差）都大于0.5，说明各潜变量的聚合效度较高。所有观测指标在相应潜变量上的载荷都大于在其他潜变量上的载荷，且所有潜变量的AVE的平方根都大于各个潜变量之间的相关系数。因此，样本有较好的判别效度。

表4-3 相关分析量表

	AVE	BA	BH	A	P	IE
BA	0.638	0.799				
BH	0.641	0.870	0.801			
A	0.691	0.811	0.805	0.831		
P	0.668	0.922	0.805	0.773	0.817	
IE	0.538	0.878	0.826	0.858	0.884	0.733

4.4 结构方程模型与实证结果分析

4.4.1 结构方程模型与估计方法

为了验证上文提出的假设并揭示变量之间的关系，本研究采用结构方程模型对问卷数据进行整体性分析。其中，结构方程模型由测量方程和结构方程两个部分组成。结构方程模型的测量方程通常用以下验证性因子分析模型表达：

$$y_i = \Lambda w_i + \varepsilon_i, i = 1, \ldots, n \quad (4\text{-}1)$$

式中，参数矩阵 $\Lambda(p \times q)$ 是因子负荷矩阵；w_i 是第 i 个用户数据的 q 维的潜变量 $(p > q)$，将 $w_i = (w_{i1}, \ldots, w_{iq})^T$ 划分为 $w_i = (\eta_i^T, \xi_i^T)^T$，其中，潜因变量 $\eta_i = (\eta_{i1}, \ldots, \eta_{iq_1})^T (q_1 \times 1)$ 和解释变量 $\xi_i = (\xi_{i1}, \ldots, \xi_{iq_2})^T (q_1 \times 1)$，考虑以下结构方程：

$$\eta_i = \Pi \eta_i + \Gamma \xi_i + \delta_i, i = 1, \cdots, n \quad (4\text{-}2)$$

式中，$\Pi(q_1 \times q_1)$ 和 $\Gamma(q_1 \times q_2)$ 是分别表示潜因变量之间以及潜因变量和解释变量之间的关系系数矩阵，Π 满足 $(\Gamma - \Pi)$ 可逆，其中，Γ 是单位矩阵。

本研究问卷中有 $p = 22$ 个观测指标变量（见表4-1中的问卷题项），对应于 $q = 5$ 个潜变量。其中，包含 $q_1 = 1$ 个潜因变量、$q_2 = 4$ 个解释变量。此外还包含 $r = 5$ 个控制变量，分别为"性别（x_{i1}）""年龄（x_{i2}）""学历（x_{i3}）""月可支配收入（x_{i4}）"和"职业（x_{i5}）"。解释变量为沉浸体验（ξ_1）。在4个潜因变量中，"唤醒度（η_1）"和"愉悦度（η_2）"对"用户态度（η_3）"及健身行为习惯（η_4）的影响是本文关注的重点。因此将 Π 矩阵中前两行元素设为0，其他元素设为未知，具体形式如下：

$$\boldsymbol{\Pi} = \begin{bmatrix} 0 & 0 & 0 & 0 \\ 0 & 0 & 0 & 0 \\ \pi_{31} & \pi_{32} & 0 & 0 \\ \pi_{41} & \pi_{42} & 0 & 0 \end{bmatrix}$$

4.4.2 结构方程模型的结果分析

根据本研究建立的假设模型，运用AMOS23.0软件对网络健身行为习惯及态度进行结构方程模型建模分析，得出如下分析结果（图4-2）。

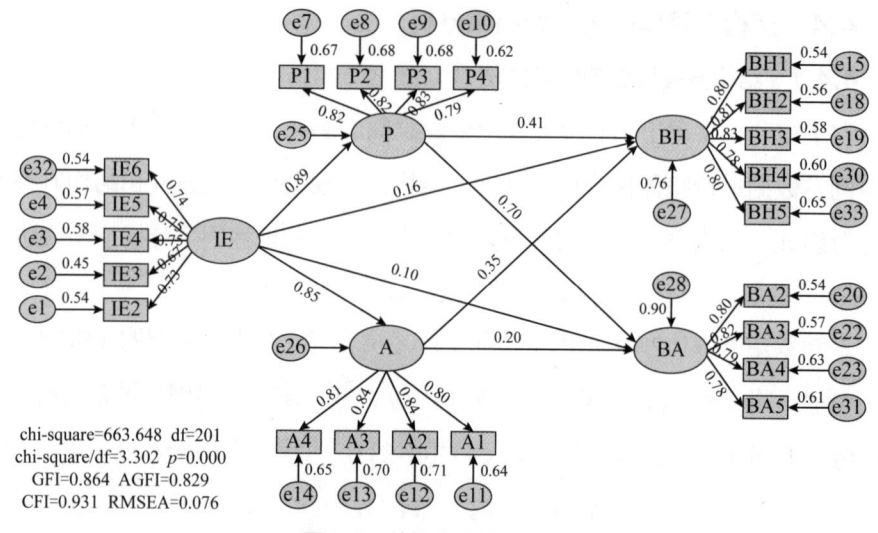

图4-2 结构方程模型路径图

模型分析结果表明，除了 GFI、AGFI 略低于0.9，一般情况下接近0.9，也表明模型拟合良好。通过分析结果可以进一步看出此模型的构建的合理性。

表4-4 模型拟合度指标

适配度指标	x^2	df	x^2/df	CFI	TLI	GFI	AGFI	RMSEA	p 值
指标值	663.648	201	3.302	0.931	0.920	0.864	0.829	0.076	0.000

表4-5展示了结构方程模型重要参数的估计结果，其中，特别用 *** 符号标记了结构方程部分的显著参数。

第4章 网络健身沉浸体验对唤醒人们运动的情绪和行为的影响

表4-5 结构方程模型中主要参数的估计结果

问卷题项	测量方程参数	估计值	标准误差	结构方程参数	估计值	标准误差
Q1.2	IE2	1.011	0.077	γ_{11}	0.890***	0.076
Q1.3	IE3	1.141	0.076	γ_{21}	0.862***	0.078
Q1.4	IE4	1.112	0.075	γ_{31}	0.164***	0.201
Q1.5	IE5	0.988	0.067	γ_{41}	0.095***	0.164
Q2.2	P2	0.903	0.047	π_{31}	0.409***	0.065
Q2.3	P3	0.886	0.045	π_{32}	0.354***	0.050
Q2.4	P4	0.878	0.049	π_{41}	0.696***	0.063
Q3.2	A2	0.954	0.050	π_{42}	0.164***	0.059
Q3.3	A3	0.981	0.052			
Q3.4	A4	0.918	0.051			
Q4.2	BH2	1.056	0.058			
Q4.3	BH3	1.058	0.057			
Q4.4	BH4	1.001	0.059			
Q4.5	BH5	1.115	0.062			
Q5.2	BA2	0.991	0.054			
Q5.3	BA3	1.041	0.059			
Q5.4	BA4	1.051	0.061			

注：***、**、* 分别表示在1%、5%、10%的置信水平下的显著性。

（1）通过观察表4-5的1~4列可知，测量方程中的所有因子载荷均高度显著，验证了潜变量的测度和估计是合理且有效的。

（2）如表5所示，沉浸体验对愉悦度和唤醒度的路径系数分别为0.890、0.862，即沉浸体验（ξ_1）既对愉悦度（η_1）产生影响，也影响用户唤醒度（η_2）的产生，且均为正相关。假设H1、H2获得支持。这说明网络健身者在沉浸体验过网络健身活动后，其情绪会产生变化，进一步唤醒健身者的认知，增加健身者的愉悦度。分析其原因，网络健身利用直播、全景、虚拟现实等先进设备及手段，使用第一人称化身视角的知觉方式，毫无违和感地操纵虚拟场景，形成如同身临其境的自主感与归属感，唤醒生理和行为上的情绪反应。

（3）愉悦度、唤醒度对健身行为习惯的路径系数分别为0.409、0.354。健身行为习惯（η_3）既受到愉悦度（η_1）影响，也受到唤醒度（η_2）影响，且均为正相关。假设H3a、H3b获得支持，这说明愉悦度和唤醒度对健身行为习惯有相似水平的影响程度。分析其原因，兴奋和愉悦的情绪体验均能够使得用户参与网络健身活动觉得很享受，会更关注活动呈现的积极信息，从而培养良好的健身行为习惯。

（4）愉悦度、唤醒度对用户态度的路径系数分别为0.696、0.164。用户态度（η_4）既受到愉悦度（η_1）影响，也受到唤醒度（η_2）影响，且均为正相关。假设H4a、H4b获得支持，从路径系数来看，唤醒度对用户态度的影响程度不高。究其原因，唤醒度包含刺激、兴奋等维度，而用户态度中包含有让健身者放松的维度，两者之间有一定冲突，因此与唤醒度的关联不强。愉悦度对用户态度的影响程度更强，是因为健身者产生愉悦的心情后，会更加满意网络健身服务，产生继续参加网络健身的愿望。

（5）沉浸体验对健身行为习惯和用户态度的路径系数分别为0.154、0.095，即沉浸体验（ξ_1）既对健身行为习惯（η_3）产生影响，也影响用户态度（η_4）的产生，且均为正相关。假设H5、H6获得支持，从路径系数来看，沉浸体验对健身行为习惯和用户态度的影响程度均不高。分析其原因，沉浸体验作为一种刺激，健身者受到外界刺激后自身情绪变化后才会对健身行为习惯及态度产生影响，刺激本身影响行为反应的程度较小。

4.4.3 结构方程模型的敏感性分析

为了验证愉悦度和唤醒度所起的中介作用，本研究对以上的结构方程模型进行敏感性分析。通过改变模型的结构，进一步测试以上的模型对数据的分析是否合理。由于上述研究最关心结构方程中潜变量之间的关系，通过对模型的结构方程部分做出改动，即微调两个中介变量的结构来检测所提出模型的有效性。具体分析如下。

模型1：现有模型，即考虑同时将愉悦度和唤醒度作为中介变量。

模型2：不将唤醒度作为中介变量，而只将愉悦度作为中介变量。即，将 $\varPi$ 的结构设为

$$\varPi = \begin{bmatrix} 0 & 0 & 0 & 0 \\ 0 & 0 & 0 & 0 \\ \pi_{31} & 0 & 0 & 0 \\ \pi_{41} & 0 & 0 & 0 \end{bmatrix}$$

模型3：不将愉悦度作为中介变量，而只将唤醒度作为中介变量。即，将 $\varPi$ 的结构设为

$$\varPi = \begin{bmatrix} 0 & 0 & 0 & 0 \\ 0 & 0 & 0 & 0 \\ 0 & \pi_{32} & 0 & 0 \\ 0 & \pi_{42} & 0 & 0 \end{bmatrix}$$

为了比较模型1、模型2与模型3，本研究考虑使用的统计量为 AMOS 中的 AIC，即采用 Akaike 提出的 Akaike Information Criterion（AIC）来比较三个模型，AIC 是考虑模型中未知参数的拟合优度或模型比较量的统计量，用于比较不同模型拟合同一个样本数据，将它们依优劣排序。在模型选择中，AIC 值越小，模型越优。其中，定义与竞争模型 M_k 对应的 AIC 为

$$\text{AIC}_k = -\log p(Y|\theta_k, M_k) + 2d_k \qquad (4\text{-}3)$$

经过 AMOS 程序计算，所比较的三个模型的 AIC 指标值分列如下：

模型1　AIC = 767.648；

模型2　AIC = 828.735；

模型3　AIC = 836.329。

因此从 AIC 指标比较来看，本研究提出的结构方程模型是最优选择，同时也验证了唤醒度和愉悦度作为中介变量的合理性。

4.5　研究结论与建议

4.5.1　研究结论

本研究采用结构方程模型方法，将沉浸体验作为解释变量，唤醒度和愉悦

度为中介变量，用户态度和行为习惯为潜因变量，研究了以上变量之间的关系。主要结论如下。

（1）相比于传统线下锻炼活动的健身体验而言，网络健身时用户的沉浸体验对其情绪产生更强的影响作用，使得体验者能够更加沉浸在健身环境中。

（2）网络健身时用户的情绪对健身行为习惯及态度有显著影响。通过改变健身者的心理机制，强化体育锻炼的习惯，使其享受锻炼的过程，提升用户的感知乐趣及感知价值，从而改变健身态度。

（3）通过评价模型的拟合系数进行分析发现，沉浸体验与用户态度及行为习惯之间存在情绪的中介效应，其中，情绪包括用户在健身时产生的唤醒度及愉悦度。

4.5.2 管理启示

网络健身行为中情绪的唤醒是一个逐步的、发展的、循序渐进的过程，健身者需要适当的情绪支架来改善他们的态度及增强其信心，以完成挑战和坚持锻炼。开展网络健身沉浸体验、情绪与健身用户态度及行为习惯的作用关系研究，有助于政府、企业和相关健身从业者更好地认识用户在参与网络健身时沉浸体验和情绪的影响状态和变化规律，有助于提高健身企业的决策能力和品牌影响力。对此，本文提出以下建议。

（1）企业可以利用 VR、AR、人工智能、5G 及全息技术，在三维空间中实现虚拟交互，甚至可以利用手势、声音、脑电波等多种形式的交互，优化沉浸式场景的呈现形式，提高图像视觉的质量，并对图像进行几何变换等动态处理，提高图像的保真度，为网络健身者提供多感官、多维度、多面的沉浸式交互体验。App 中还可以增加用户沟通环节，以及训练后的监督效果评估系统，通过增加在线健身用户的效果评估和信息反馈，提高在线健身用户的使用意愿。

（2）为网络健身者提供个性化推荐和服务，分化用户需求并给予合理的健身安排。网络健身教学中，健身指导的效果是提高用户黏性及使用频率的关键所在，健身效果的提升更能激发健身人群的锻炼兴趣，因此教练可根据反应和视频，评估授课的健身效果，优化改进后续课程教学。为用户设计体育锻炼活动的频率及强度，以保持最佳的唤醒水平，结合用户的情绪和心理状态，采用不同的方式和手段对用户健身习惯和态度加以培养。

（3）网络健身大数据信息采集分析。健身应用企业服务器端存放着大量的用户运动数据，一些企业已经利用云平台实现数据共享，汇集形成了海量运动数据。将多种途径采集的健身用户数据，通过数理分析和融合转换等方法，开展全民网络健身公共服务供给与需求数据的贯通方法研究。利用不同类别的健身用户历史数据，通过"数据+模型"双轮驱动归纳和分类，进行全民网络健身公共服务供给匹配度和满意度绩效评价方法研究。

（4）政府加强网络健身数据审查监管。在当前"互联网+"背景下，政府应该设立抽查、审查机制加强网络健身数据监管，促使健身应用更快更好地发展成为全民健身数据中心，为企业、政府、社会建成强大的数据支持平台，形成全民健身数据统计服务系统。

4.5.3　研究不足与展望

第一，研究仅选取网络健身这一类健身形式设计实验材料，这可能会导致实验结果缺乏科学性和普适性。因此，未来的研究可以扩展到其他不同的健身新形式，或者适当丰富研究对象的类型，以增强研究结论的普适性。第二，本研究仅关注愉悦度和唤醒度对健身行为习惯和态度的影响，停留在个体心理感知层面，事实上，个体认知上的很多因素也对习惯和态度产生影响，因此未来有必要进一步设计实验，丰富影响因素的类型。

第5章 健身直播线下转换成本与线上用户忠诚的关系研究

2014年起，政府相继出台一系列文件，包括《国务院关于加快发展体育产业促进体育消费的若干意见》《关于加快发展健身休闲产业的指导意见》《体育强国建设纲要》《关于大力推广居家科学健身方法的通知》等，均强调了全民健身的重要性，也助推了以互联网技术为核心的体育消费新业态在我国逐渐兴起。截至2020年12月底，中国网络直播用户规模达6.17亿，占网民总体的62%，发展态势良好。2020年，受新型冠状病毒肺炎疫情影响，虽然居民的健身与健康问题成为社会焦点，但是由于居民出行受阻，依赖线下活动场景的传统体育消费模式遭受了沉重打击，迫使体育消费向线上转移，健身直播迎来发展契机。根据QuestMobile发布的报告，2020年2月，运动健身App行业活跃用户规模快速上涨至8 928万人次，同比增长了93.3%。但在成功引流后，在线直播平台用户维系现状不容乐观。Fastdata报告显示，2021年4月，中国运动健身App活跃用户规模为5 479万人，较疫情期间峰值有所减少。

5.1 研究背景
5.1.1 问题的提出

《2020中国健身行业报告》显示，中国线上健身用户中87%都有近1年内为线下健身服务付费的经历。且从App更新来看，TT健身直播、Fitme等已经有将近1年未更新。后疫情时代，健身人群不断扩大，健身直播平台作为互联网新业态之一，随着线下健身房的强势复苏，其用户一部分流向线下健身房，这是导致健身直播发展受阻的重要原因之一，从助推互联网新业态发展和多样化健身选择而言，线上直播平台如何继续生存、维系用户、保持流量，以减少线上健身用户向线下健身房转移数量成为亟须思考的问题。

大量研究表明，忠诚客户的培养是企业盈利和可持续发展的关键，因此顾客忠诚度一直是企业营销的基本目标。在电子商务环境下，学者们经常把持续使用与用户忠诚等同使用，目前学者们就电商直播和健身App用户持续使用意愿已经开展了相关研究，感知价值、交易成本、感知风险、用户体验、信任度和满意度等都成了学者们的着眼点。然而梳理现有研究发现，目前还没有学者对健身直播用户的忠诚度或持续使用意愿进行过系统研究，截至2021年1月，中国知网（CNKI）上以健身直播为主题开展研究的文章仅7篇，涉及的研究内容主要是健身直播的发展现状、健身直播与网络通信技术发展的适应性、健身直播对于提高居民健身热情的影响三个方面。涉入度作为产品或服务与顾客自身相关程度的表达，学者们在线上和线下两个方面对涉入度影响消费者购买行为进行了研究，结果证实了涉入度的高低直接影响消费者的重购行为，产品涉入度会影响品牌顾客忠诚。此外，顾客满意的理论于1965年，被学者Cardozo[1]首次尝试引入市场营销领域，研究指出，顾客满意可以导致其重复购买行为，且转换成本在顾客更换服务供应商的决策过程中所起的作用，会随顾客满意度不同而发生变化。

基于上述分析，用户忠诚度对于后疫情时代健身直播行业长足发展具有重要意义，但是理论研究尚处于空白状态。鉴于以上研究缺口，本章从转换成本理论的角度出发，结合涉入度和满意度相关理论对健身直播情景下网络顾客忠诚度进行实证分析，剖析健身直播情景下转换成本对用户忠诚度的影响机制，提出维持后疫情时代健身直播长足发展的有效对策。

---

[1] RICHARD N CARDOZO.An Experimental study of customer effort expectation, and satisfaction[J].Journal of Marketing Research, 1965, 2(3): 360-369.

5.1.2 文献回顾

5.1.2.1 用户忠诚

关于顾客忠诚的定义，国内外学者已经进行了大量研究。Guest[①]认为顾客忠诚度是指顾客持续购买某一产品，并向他人推荐该产品的倾向。Jacoby[②]认为顾客忠诚度是顾客在一定时期内的消费偏好，表现为顾客反复购买某一产品、向他人推荐该产品和拒绝竞争对手产品等系列行为。刘丽等[③]认为顾客忠诚可以看作消费者网上购买的一种行为意向，反映了消费者的重复购买意愿，这是目前国内学者的普遍认知。综上所述，用户忠诚可定义为用户的重复购买行为或购买意愿。

5.1.2.2 涉入度

涉入理论最初是由Sherif等[④]基于社会批判理论提出的，主要用于探讨消费者在消费过程中行为选择产生的原因。随着研究深入，有关涉入度定义如下：基于自身动机、需求和兴趣爱好，消费者感知到的产品或服务于自身的相关性和重要性。[⑤]它主要用来描述消费者根据自己的心理或生理感知，对相关产品或服务的主观感受或反应。消费者感知到的产品或服务的重要性的不同会造成其在信息收集、购买决策和感知风险等方面产生差异，因为可以根据其产

---

① GUEST L. Brand loyalty-twelve years later[J]. Journal of Applied Psychology, 1955, 39(6): 405-408.

② JACOBY J, CHESTUNT R, BRAND. Loyalty: Measurement and management[M].New York: John Wiley&Sons, 1978: 156-158.

③ 刘丽, 张宁. 电子商务环境下感知价值、满意度与忠诚度的关系研究 [C]//. 第九届（2014）中国管理学年会——信息管理与商务智能分会场论文集. 中国管理现代化研究会、复旦管理学奖励基金会：中国管理现代化研究会, 2014: 26-32.

④ SHERIF M, CANTRIL H. The psychology of ego involvements social attitudes and identifications[M]. New York: John Wiley & Sons，1947.

⑤ ZAICHKOWSKY J L. Measuring the involvement construct[J]. Journal of Consumer Resaearch, 1985, 12 (3): 341-352.

生的风险和感知风险的不同，分为高涉入度与低涉入度。[①] 对涉入度进行研究时，多将其作为自变量和调节变量。

5.1.2.3 满意度

满意是一种心理状态，是指一个人对一段关系质量的主观评价。满意度即用数字来衡量"满意"这种心理状态。学术界对满意度的概念界定目前还未达成共识，在开展满意度研究时，多参考顾客满意度的概念。如 Cardozo[②] 于 1965 年首次提出顾客满意的概念并将其引入市场营销领域，指出顾客对比产品或服务的期望与实际效果或结果后，会获得的一种积极或者消极的心理感受。Oliver 等人[③] 认为满意度是用户期望被确认程度较高时产生的一种情感状态。Parasuraman[④] 开发了 SERVCUAL 量表以测量顾客的期望和感知之间的差距。Munteanu 等人[⑤] 认为满意度是消费者对期望与最终获得的服务之间差异的总体情感反应。

5.2 研究假设与概念模型

5.2.1 研究假设

5.2.2.1 转换成本对健身直播用户忠诚之间的影响

当前，学者们基于转换成本视角对顾客忠诚度的影响研究多是基于转换成

[①] PATRICK E M, BEN M E. Classifying products strategically[J]. Journal of Marketing Chicago, 1986(3): 24-43.

[②] CARDOZO R N. An experimental study of customer effort, expectation, and satisfaction[J]. Journal of Marketing Research, 1965, 2(3): 244-249.

[③] OLIVER R L. A cognitive model of the antecedents and consequences of satisfaction decisions[J]. Journal of Marketing Research, 1980, 17(4): 460-469.

[④] PARASURAMAN A, ZEITHAML V A, BERRY L L. A arch[J]. Journal of Marketing, 1985, 49: 41-50.

[⑤] MUNTEANU C, CEOBANU C, BOBALC C, et al. An analysis of customer satisfaction in a higher education context[J]. International Journal of Public Sector Management, 2010, 23(2): 124-140.

本的调节作用。Wangenheim[①]指出，转换成本会通过调节顾客满意与顾客忠诚之间的关系来影响两者间的转化过程。王冰等[②]的研究指出，转换成本作为一种外部环境因素，会削弱依恋的内部动机，从而减少依恋对用户持续使用意愿的影响。然而，除了转换成本的调节作用之外，也有研究发现，转换成本会直接作用到客户忠诚度。Sohn等[③]指出，高转换成本会产生较高的包括重复购买意向在内的顾客忠诚度。Burnham等[④]指出，转换成本是顾客忠诚度的主要驱动因素。严浩仁[⑤]认为影响客户忠诚的影响因素集中表现为顾客满意、内在价值、转换成本、员工忠诚度等方面。陈笑盈等[⑥]指出转换成本对顾客忠诚度有一定的正相关。Burnham等[⑦]认为所有类型的转换成本对顾客留存率都有积极正面的影响。

鉴于此，本章研究健身直播情景下转换成本对用户忠诚度的影响，观看健身直播可以看作一种用户的行为决策过程，中间涉及的购买会员、预约直播提醒等属于用户购买行为，因此健身直播用户忠诚是用户持续进行购买决策的行为或意愿，基于消费者购买决策理论，消费者购买决策受外部环境变化的影响，

---

① WANGENHEIM F V. Situational characteristics as moderators of the satisfaction loyalty link: An investigation in a business-to-business context[J]. Journal of Consumer Satisfaction Dissatisfaction&ComPlainingBehavior, 2003, 16: 145-156.

② 王冰, 吴剑琳, 古继宝. 基于自我决定理论的社交网络用户持续使用影响因素研究[J]. 大连理工大学学报（社会科学版）, 2017, 38（4）: 74-80.

③ SOHN S Y, LEE J R. Competing risk model for mobile phone service[J]. Technological Forecasting and Social Change, 2008, 75(9): 1416-1422.

④ BURNHAM T A, FRELS J K, MAHAJAN V. Consumer switching costs: A typology, antecedents, and consequences[J]. Journal of the Academy of Marketing Science, 2003, 31(2): 109-126.

⑤ 严浩仁. 试论顾客忠诚的影响因素与理论模型[J]. 商业经济与管理, 2005（4）: 61-65.

⑥ 陈笑盈, 朱百军, 宋亦平. 转换成本在顾客满意与顾客忠诚关系中的作用: 对新疆移动通信网络用户的实证研究[C]// 中国市场学会. 中国市场学会2006年年会暨第四次全国会员代表大会论文集, 2006: 3012-3023.

⑦ BURNHAM T A, FRELS J K, MAHAJAN V. Consumer switching costs: A typology, antecedents, and consequences[J]. Journal of the Academy of Marketing Science, 2003, 31(2): 109-126.

借鉴 Burnham[①]的观点。从转换成本理论的视角出发，提出如下假设1：

H1：转换成本对健身直播用户忠诚有显著的正向影响。

H1a：程序型成本对健身直播用户忠诚有显著的正向影响。

H1b：财务型成本对健身直播用户忠诚有显著的正向影响。

H1c：社会型成本对健身直播用户忠诚有显著的正向影响。

5.2.2.2 涉入度的调节效应

精细加工可能性模型（ELM）认为，涉入度是决定信息处理方式的关键因素。当涉入程度较高时，消费者采用中心路径处理模式，对购买决策的相关信息进行仔细的检查和处理；而当涉入程度较低时，消费者采用边缘路径处理方式，对得到的信息只进行简单的处理。[②]且用户的持续购买意向直接受到涉入度高低的影响。[③]因此，结合健身直播情景，当涉入度高时，消费者有强烈的动机关注转换成本，转换成本越受到用户重视，其对用户忠诚度影响越大；当涉入度低时，用户缺乏强烈的动机关注转换成本，转换成本对用户忠诚度的影响变小。鉴于此，提出如下假设2：

H2：涉入度对转换成本与健身直播用户忠诚之间的关系具有显著的调节效应，且这种调节效应在高涉入度情景下更有效。

5.2.2.3 满意度的调节效应

此处所指的满意度即健身直播用户的满意度，根据以往研究可知，持续个人关系投资模型认为，高投资认知将导致个体对不满关系的承诺[④]，即顾客满

[①] BURNHAM T A, FRELS J K, MAHAJAN V. Consumer switching costs: A typology, antecedents, and consequences[J]. Journal of the Academy of Marketing Science, 2003, 31(2): 109-126.

[②] GRIFFITH S, SCHMID M M, WANZENRIED G. Product market competition, managerial incentives, and firmvaluation[J].European Financial Management, 2011, 17(2): 331-366.

[③] WHITE M. Toy rover sales soar into orbit: Mars landing puts gold shine back into space items[J]. Arizona Republic, 1997: 1-51.

[④] RUSBULT C E, MARTZ J M, AGNEW C R. The investment model scale: Measuring commitment level, satisfaction level, quality of alternatives, and investment size[J]. Personal Relationships, 1998, 5(4): 357-387.

意度越低，扣除转换供应商所需投入的转换成本后顾客认知的净得利越大，因此顾客忠诚度越低。将这种投资模型的主张应用于健身直播情景下用户忠诚研究中，不满用户的用户忠诚由用户对健身直播的投入资源认知所决定。转换成本可视作从线上健身消费转化为线下健身房消费的投入资源，即将满意度视作调节变量，作用于转换成本与健身直播用户忠诚关系之间时，满意度低的情况下，高转换成本对用户忠诚的作用弱化。鉴于此，提出如下假设3：

H3：满意度对转换成本与健身直播用户忠诚之间的关系具有显著的调节效应，且这种调节效应在低满意度情景下更有效。

5.2.2 概念模型

综上所述，本研究变量间的关系模型如图5-1所示，转换成本和用户忠诚分别是本模型的自变量和因变量，涉入度和满意度是本模型的调节变量，虚线箭头代表的是当前已经有大量实证研究证实的相关关系，不做本文研究重点。

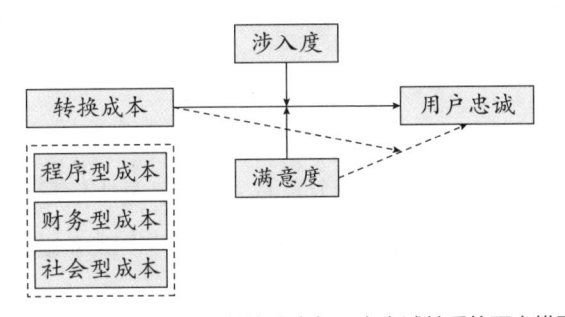

图5-1 健身直播情景下转换成本与用户忠诚关系的研究模型

5.3 模型的检验与效度分析

5.3.1 问卷设计

问卷采用Likert 7点计分，累积数值越大，表示符合程度越高。同时，所有变量均以国内外验证过的成熟度量表为依据，并根据预调查结果结合研究内容进行问卷调整，形成本文的研究量表。为了保证问卷的科学性，获得有效的研究结果，根据研究需要，本研究的问卷主要包括两部分：受访者的基本信息和量表测量。其中，受访者基本信息共计6个题项；量表测量借鉴国际上认可度高的成熟量表，包括转换成本、用户忠诚、涉入度、满意度共4个部分总计27个题项。

5.3.2 数据收集

问卷的调查对象主要集中于18～30岁的消费者，通过网上发放问卷，共回收问卷555份，对于存在答案矛盾明显、填写时间过短、答案重复的问卷，认为无效并剔除。最终收回有效问卷390份，有效回收率为70.27%。从性别分布来看，样本中男女所占比例分别为49.23%和50.77%；从年龄段分布来看，18～25岁人群占比最高，其次是26～30岁人群；从受教育程度分布来看，本科人群占比最高，为42.82%；从每月可自由支配收入分布来看，3 001～5 000元收入人群占比最高，为21.80%，其次是5 001～8 000收入人群，为21.29%；从每天使用移动网络时间分布来看，1～2 h人群占比最高。将以上统计信息与QuestMobile中国移动互联网报告数据结合分析，存在整体上的一致性，因此说明本研究数据收集具有合理性和代表性。有效问卷样本的具体人口统计学特征信息见表5-1。

5.3.3 变量测量

本研究的问卷内容主要涵盖五个方面：受访者基本信息（性别、年龄、受教育程度、每月可自由支配收入、上网时间）；转换成本量表[1]；用户忠诚量表[2][3]；涉入度量表[4]；满意度量表[5]。

---

[1] BURNHAM T A, FRELS J K, MAHAJAN V. Consumer switching costs: A typology, antecedents, and consequences[J]. Journal of the Academy of Marketing Science, 2003, 31(2): 109-126.

[2] SIROHI. A modal of consumer perception and store loyalty intentions for a supermarket retailer[J]. Journal of Retailing, 1998, 74(2): 223-245.

[3] ARJUN C, B H. MORRIS. The chain of effects from brand trust and brand affect to brand performance: The role of brand loyalty[J]. Journal of Marketing, 2001, 65(2): 81-93.

[4] JUDITH LYNNE ZAICHKOWSKY. Measuring the involvement construct[J]. Journal of Consumer Research, 1985, 12(3): 341-352.

[5] SPRENG R A, OLSHAVSKY R W. A Reexamination of the determinants of consumer satisfaction[J]. Journal of Marketing, 1996, 60(3): 15-22.

第5章 健身直播线下转换成本与线上用户忠诚的关系研究

表5-1 有效问卷样本的人口统计学特征信息表（N=390）

类别		数量/人	比率/%	类别		数量/人	比率/%
性别	男	192	49.23	每月可自由支配收入/元	<1 000	74	18.97
	女	198	50.77		1 001~3 000	68	17.44
年龄段/岁	<18	67	17.18		3 001~5 000	85	21.80
	18~25	119	30.51		5 001~8 000	83	21.29
	26~30	96	24.62		8 001~10 000	39	10.00
	31~40	55	14.10		10 001~12 000	24	6.15
	>40	53	13.59		>12 000	17	4.36
受教育程度	高中及以下	89	22.82	每天使用移动网络时间/h	<1	66	16.92
	大专	84	21.54		1~2	96	24.62
	本科	167	42.82		2~3	42	10.77
	硕士及以上	50	12.82		3~4	46	11.79
					4~5	34	8.72
					5~6	72	18.46
					>6	34	8.72

（1）控制变量。基于以往关于线上线下消费转换成本和用户忠诚的相关研究，受访者的性别、年龄、受教育程度、可自由支配收入、上网时间等因素会对线上用户忠诚产生一定影响，为确保研究结果的准确性，本研究将这些变量设置为控制变量进行分析。

（2）转换成本。借鉴Burnham[①]开发的转换成本测量量表，将转换成本划分为程序型成本、财务型成本和社会型成本三个维度，并根据实际研究场景对相关题项内容进行适当修改，包括了"为了观看健身直播并跟随健身直播的主播指导进行锻炼，我已投入很多的时间和精力"等12个题项，因程序型成本、财务型成本和社会型成本作为单一变量的主效应值差距甚小，因此本研究仅探

---

① BURNHAM T A, FRELS J K, MAHAJAN V. Consumer switching costs: A typology, antecedents, and consequences[J]. Journal of the Academy of Marketing Science, 2003, 31(2): 109-126.

讨三个维度合一的转换成本对用户忠诚的作用，其 Cronbach's α 为0.862。

（3）用户忠诚。借鉴 Sirohi 等[1]和 Chaudhuri 等[2]开发的网络顾客忠诚测量量表，包括了"如果想要健身，我会优先选择使用健身直播 App 或网站"等6个题项，Cronbach's α 为0.901。

（4）涉入度。借鉴 Zaichkowsky[3] 开发的个人涉入度 RPII 测量量表，包括了"我会主动搜寻健身直播的相关信息"等6个题项，Cronbach's α 为0.903。

（5）满意度。借鉴 Spreng[4] 开发的整体满意度测量量表，包括了"我对观看健身直播感到满意"等3个题项，Cronbach's α 为0.851。

5.4 实证结果分析

本研究根据研究目的选取 SPSS 和 AMOS 作为数据分析软件对收集的有效问卷进行数据处理，包括变量描述性统计与相关分析、数据共同方法偏差检验、量表信效度检验、涉入度和满意度的调节效应检验等内容。

5.4.1 描述性统计与相关分析

用 SPSS 统计分析软件对各个变量进行描述性统计与相关分析，结果见表5-2。由表可知，健身直播情景下转换成本与用户忠诚具有显著正相关关系（$\gamma=0.535$，$p<0.01$），因此假设1可得到初步验证。可继续加入控制变量对数据进行共同方法偏差检验和信效度检验。

---

[1] SIROHI. A modal of consumer perception and store loyalty intentions for a supermarket retailer[J]. Journal of Retailing, 1998, 2: 227.

[2] ARJUN C, B H MORRIS. The chain of effects from brand trust and brand affect to brand performance: The role of brand loyalty[J]. Journal of Marketing, 2001, 65(2): 81-93.

[3] ZAICHKOWSKY J L. Measuring the involvement construct[J]. Journal of Consumer Research, 1985, 12(3):341-352.

[4] SPRENG R A, OLSHAVSKY R W. A reexamination of the determinants of consumer satisfaction[J]. Journal of Marketing 1996, 60(3): 15-22.

第5章 健身直播线下转换成本与线上用户忠诚的关系研究

表5-2 变量描述性统计与相关系数

变量	变量均值	变量标准差	1	2	3	4
转换成本	5.177	1.480	1			
涉入度	5.222	1.598	0.356**	1		
满意度	5.239	1.698	0.049	0.074	1	
用户忠诚	5.270	1.601	0.535**	0.229**	−0.097	1

注：** $p<0.01$。

5.4.2 共同方法偏差检验

本研究的所有数据均来源于问卷调查结果，虽然问卷采用了匿名填写、设置控制变量等方式尽量减少共同方法变异的影响，但是由于问卷填写的个体独立性可能会产生同源偏差问题，因此，本研究运用Harman单因素检测法，进一步分析数据的同源偏差。结果显示，本研究共析出4个特征值>1的公因子，未进行因子旋转时，第一个因子解释变异量为35.94%，进行因子旋转后，第一个因子解释变异量为26.22%，低于建议值50%，因此可排除本研究数据的同源偏差问题。

5.4.3 信度和效度检验

对本研究涉及的各个变量进行信度和效度分析，结果如表5-3所示。由表可知，各变量的Cronbach's α均超过了0.8，说明本研究量表具有较好的信度。再看变量的实验结果，显示转换成本、涉入度、满意度、用户忠诚等四个变量的KMO值均超过了0.7，累积解释方差均大于50%，Bartlett球形检验的sig值均小于0.05，进一步运用Amos软件进行变量的验证性因子分析，得出转换成本、用户忠诚、涉入度和满意度的拟合优度指标（表5-4），结果表明，四因子模型的6个指标显著优于其他因子模型，显示四因子模型区分效度最好，说明本研究量表具有较好的效度。

表5-3 各变量的信度和效度

变量	克朗巴哈系数	KMO值	累积解释方差/%	Bartlett检验 近似卡方	df	sig
转换成本	0.938	0.956	57.778	2 995.568	66	0.000
涉入度	0.903	0.906	67.424	1 341.429	15	0.000
满意度	0.852	0.720	77.153	519.352	3	0.000
用户忠诚	0.901	0.905	67.015	1 302.551	15	0.000

表5-4 模型的验证性因子分析结果

模型	χ^2/df	GFI	AGFI	CFI	RMSEA	RMR
判断标准	≤3	≥0.9	≥0.9	≥0.9	≤0.1	≤0.05
4因子模型	1.785	0.905	0.888	0.961	0.045	0.430
3因子模型	4.299	0.719	0.670	0.833	0.092	0.513
2因子模型	7.580	0.574	0.501	0.666	0.130	0.476
1因子模型	9.165	0.541	0.465	0.584	0.145	0.523

注：4因子模型：转换成本、用户忠诚、涉入度、满意度；3因子模型：转换成本+用户忠诚、涉入度、满意度；2因子模型：转换成本+用户忠诚+涉入度、满意度；1因子模型：转换成本+用户忠诚+涉入度+满意度。

5.4.4 调节效应检验

为了验证假设2和假设3，即涉入度和满意度在转换成本和用户忠诚中产生的调节效应，本研究先将用户忠诚设置为因变量，再加入控制变量（性别、年龄段、受教育程度、自由支配收入、使用移动网络时间），接着对自变量（转换成本）和调节变量（涉入度或满意度）做去中心化处理，之后再构造去中心化的自变量和调节变量相乘的交互项，最后得出表5-4和表5-5的检验结果。

5.4.4.1 涉入度调节效应检验

如表5-5所示，转换成本和涉入度的交互项与用户忠诚呈显著正相关（$\beta=0.273$，$p<0.001$），这表明涉入度水平越高，转换成本对用户忠诚的正向影响作用会增强，因此本研究假设2成立。

第5章 健身直播线下转换成本与线上用户忠诚的关系研究

表5-5 涉入度调节效应检验

	M1	M2	M3	M4
性别	−0.02	−0.023	−0.021	−0.009
年龄段	0.079	−0.054	−0.084	−0.041*
受教育程度	−0.028	−0.102*	−0.135**	−0.075*
自由支配的收入	0.153*	0.024	−0.003	0.034
使用移动网络的时间	−0.045	−0.054	−0.046	−0.03
转换成本		0.58***	0.565***	0.572***
涉入度			0.129*	0.159**
转换成本 × 涉入度				0.273***
F 值	3.103**	27.854***	25.003***	28.012***
R^2	0.039	0.304	0.314	0.370
调整 R^2	0.026	0.293	0.302	0.357

注：*** 表示 $p<0.001$，** 表示 $p<0.01$，* 表示 $p<0.05$。

进一步，为更直观解释涉入度的调节效应，本研究运用 SPSS PROCESS 宏程序，将涉入度的均值分别加减一个标准差分成高涉入度和低涉入度两个组别，对不同涉入度情景下的转换成本与用户忠诚的关系展开观察，结果显示：涉入度正向调节转换成本对用户忠诚的影响（图5-2）。根据图5-2所示，涉入度对转换成本与用户忠诚之间的关系具有显著的调节效应，相较于低涉入度用户，高涉入度用户更能增强转换成本对用户忠诚度的正向影响，涉入度的调节效应在高涉入度情景下更有效，再次验证了本研究假设2的成立。

5.4.4.2 满意度调节效应检验

如表5-6所示，转换成本和满意度的交互项与用户忠诚呈显著正相关（$\beta = -0.172$，$p<0.001$），这表明满意度水平越高，转换成本对用户忠诚的正向影响作用会减弱，因此本研究假设3成立。

进一步，为更直观解释涉入度的调节效应，本研究运用 SPSS PROCESS 宏程序，将满意度的均值分别加减一个标准差分成高满意度和低满意度两个组别，对不同满意度情景下的转换成本与用户忠诚的关系展开观察，结果显示：

满意度负向调节转换成本对用户忠诚的影响（图5-3）。根据图5-3所示，满意度对转换成本与用户忠诚之间的关系具有显著的调节效应，相较于高满意度用户，低满意度用户更能增强转换成本对用户忠诚的正向影响，满意度的调节效应在低满意度情景下更有效，再次验证了本研究假设3的成立。

表5-6 满意度调节效应检验

	M1	M2	M3	M4
性别	−0.02	−0.023	−0.02	−0.014
年龄段	0.079	−0.054	−0.054	−0.065
受教育程度	−0.028	−0.102*	−0.1*	−0.102*
自由支配的收入	0.153*	0.024	0.026	0.027
使用移动网络的时间	−0.045	−0.054	−0.043	−0.043
转换成本		0.58***	0.584***	0.588***
满意度			−0.116**	−0.124**
转换成本 × 满意度				−0.168***
F 值	3.103**	27.854***	25.345***	25.116***
R^2	0.039	0.304	0.317	0.345
调整 R^2	0.026	0.293	0.305	0.332

注：*** 表示 $p<0.001$，** 表示 $p<0.01$，* 表示 $p<0.05$。

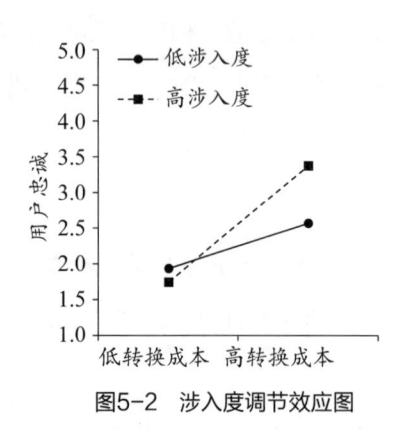

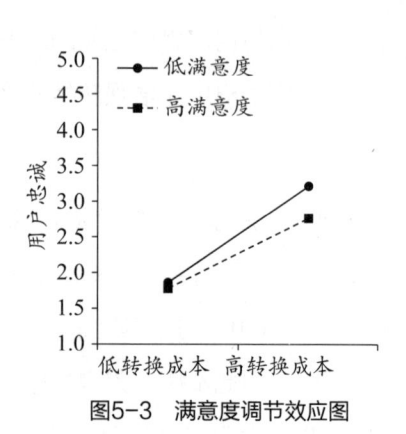

图5-2 涉入度调节效应图

图5-3 满意度调节效应图

5.5 研究结论与建议

5.5.1 研究结论

本研究可得出以下结论。

（1）在健身直播情景下的转换成本与用户忠诚显著正相关，转换成本正向影响用户忠诚。

（2）在健身直播情景下，涉入度对转换成本与用户忠诚的关系具有显著调节作用，且高涉入度情景下调节作用更显著。

（3）在健身直播情景下，满意度对转换成本与用户忠诚的关系具有显著调节作用，且低满意度情景下调节作用更显著。

综上，本研究通过实证研究验证了在健身直播情景下的转换成本对用户忠诚具有正向影响，涉入度和满意度对这种影响具有正向调节作用，但这种调节作用受高涉入度和低满意度作用更显著。结论既说明了转换成本作为前置变量用以研究用户忠诚具有可行性，也印证了精细加工可能性模型（ELM）和持续个人关系投资模型。

5.5.2 管理启示

本研究立足实际情况展开讨论，对健身直播平台在后疫情时代维系用户忠诚具有一定的实践指导意义。因为在健身直播情景下转换成本对用户忠诚有正向影响，以及涉入度和满意度对这种影响有正向调节作用，健身直播平台要提高现有用户的忠诚度可以从以下三个方面入手。

（1）基于转换成本调整方面，根据之前的研究转换成本对于网络消费者而言主要包括未转换的收益和转换后的损失两个衡量角度[1]，因此对于健身直播平台而言，一方面需要提高健身直播现有用户未转换可以获取的收益，可采取的措施包括但不限于：增强健身知识的可理解性、提高健身直播教练的专业性、增加健身教程的重播功能等；另一方面需要降低潜在用户转换后的损失，

---

[1] 崔萌. 基于转换成本的电商平台用户忠诚度研究 [D]. 上海：上海交通大学，2014.

吸引线下健身用户的加入，可采取的措施包括但不限于：提升健身直播观看便捷性、设置新用户免费体验期、根据用户健身需求不同制定不同类别会员收费标准、建立与线下健身房相比明显的成本优势等。

（2）基于涉入度调节转换成本对用户忠诚作用视角。高涉入度情况下，转换成本对用户忠诚的作用增强，也即是说相同的转换成本，对于高涉入度的健身直播用户而言其认知转换成本增加了，用户忠诚也随之提高。因此，健身直播平台需要将提高用户涉入度纳入平台持续发展的考虑范畴。与此同时，涉入度为用户感知到产品或者服务与自己的相关性及重要性，因而健身直播平台可以就提高用户的参与度、增强平台与用户的联结性等方面采取措施。

（3）基于满意度调节转换成本对用户忠诚作用视角。低满意度情况下，高转换成本对用户忠诚的作用弱化，因此健身直播平台需要思考如何增加平台用户满意度。对于健身直播平台而言，用户满意度主要是用户对于自己在健身直播平台上花费的时间、金钱与健身目标完成度之间关系的认知，因此健身直播平台应该立足直播内容、质量及使用感受等，以帮助用户最大程度完成自己的健身目标为发展方向，提升用户满意度，维系现有用户群体。

5.5.3 研究不足与展望

本研究对健身直播情景下的转换成本和用户忠诚进行研究，对于健身直播平台维系现有用户、吸引潜在用户具有一定的实践意义，但是仍然存在许多局限：①影响健身直播平台用户忠诚的因素很多，受制于时间和精力，本研究仅针对健身用户线上线下在后疫情时期会发生转换的视角，研究转换成本对健身直播平台用户忠诚的影响，尚有诸多可能影响健身直播用户忠诚的因素有待考虑。②本研究仅验证了涉入度和满意度对转换成本和用户忠诚关系的调节作用，对于感知价值、信任等用户情绪特质有待进一步研究。③本研究数据来源于网络问卷发放，数据收集渠道单一，未来可扩展数据收集渠道。④问卷数据属于横截面数据，未来可采用实验法等方法收集时间序列数据，对研究结果进一步验证。

第6章 网络健身的管理问题及对策研究

随着近年来互联网行业的发展及居家办公的社会现状流行,网络直播逐渐成了普罗大众的日常娱乐方式之一。网络健身是网络直播的一种表现方式,旨在以简单、便捷的方式通过网络直播帮助参与者达到居家健身的目的。网络健身借助电脑、手机等移动设备,帮助健身者跟随网络健身主播实时参与锻炼,给用户一种新的健身体验,吸引健身者进行锻炼。由于网络健身在近几年才开始兴起,尚处于发展阶段,所以网络健身在给人带来便利健身方式的同时也存在着行业规范缺失、监管相对滞后、缺乏相关制度等管理问题。这些问题的存在都将阻碍网络健身行业的发展,甚至对社会造成危害。于是,本章聚焦分析网络健身管理中存在的问题,并针对这些问题探讨其产生的原因,随后提出针对性的解决机制及相关的建议。

本章首先介绍网络健身的概念及现阶段的网络健身发展状况,然后从现如今网络健身的行情中,提取出网络健身行业现存的监管落后、缺乏行业规范、忽视对未成年人的保护等管理问题,通过问题剖析产生问题的主要原因是网络健身行业准入门槛低以及监管的速度跟不上行业发展的速度,最后针对以上原因,提出有利于网络健身行业发展的管理制度及监管措施。

6.1 网络健身概述

6.1.1 网络健身的概念

网络健身是指借助计算机技术,基于传统健身方式的项目和规则,在电脑、手机等便携式设备上模拟出真实的人的运动状况,通过互联网传递人与人之间的健身信息,随后对健身者进行专业的运动健身指导,以纠正运动姿势。网络健身以一种新奇的方式，吸引健身爱好者参与健身活动，让用户体验到健身的乐趣，从而改善传统健身中用户的"痛苦感"，刺激人们主动的、科学地健身。网络健身具有便携性、科学性、互动性、娱乐性、经济性等特点[①]。便捷性指的是用户可以按照自己的意愿，通过网络健身随时进行健身活动，不用再考虑健身房是否满员、天气是否适合锻炼，在家就能健身。在如今生活节奏飞快的时代，网络健身的便捷性得到了充分的展现。科学性指的是网络健身借助了互联网的优势，能够优化用户的健身细节，使得网络健身更具科学性。例如，物联网技术能够不断收集大量来自健身器材的用户健身数据，并能对所收集到的数据进行合理分析处理，AI健身算法能够识别用户的健身动作，并将其与标准动作进行分析对比，随后能处理相关信息并对用户进行健身指导。互动性指的是网络健身能够借助互联网技术把网络健身用户集中在线上的健身平台，用户之间可以分享健身心得，交流健身方式，同时也可分享健身效果，相互竞技，这能在一定程度上激发起用户的斗志，用户之间相互影响，缓解了传统健身模式下用户独自忍耐健身痛苦的程度，大大增加了健身的互动效果。娱乐性是指网络健身在电脑等设备上虚拟出了个人真实的健身情况，利用了摄像头来捕捉用户的健身动作，并将其细节展现在用户面前[②]。这能缓解健身的孤独感，让用户以一种愉悦的心情进行健身活动，大大增加了健身的趣味性。经济性指的是网络健身器材的价格相对于传统健身器材更加实惠，用户也不需再办理健身卡，选择网络健身既能达到健身的目的，又能节省费用，这使得即使经济上不那么富裕的人群也能享受到健身带来的好处，大大加速了全民健身的可能性。[③]

  网络健身不仅能避免其他健身模式的缺陷，还能集其他各种健身方式的优点于一身，是一种高效科学、时尚现代且全面的健身方式。

---

① 刘楠.互联网+背景下健身产业发展策略研究[J].宿州教育学院学报，2019，22（3）：23-25.

② 孙哲，季城，于文谦.疫情时期居家健身去中心化网络扩散模式研究[J].西安体育学院学报，2020，37（5）：532-537.

③ 赵国华.疫情下的河南全民健身"线上开花"[J].少林与太极，2020（4）：76.

6.1.2 网络健身的类型

传统健身模式下，大部分的需求分类基本上会把目标分成三层。第一层，称为"目标"。第二层，称为"目的"。第三层，称为"心理需求"。把健身需求这样来分类是因为俱乐部所有的营销活动，都是在向用户推销健身卡，因此在营销技巧的应用下，把客户的潜在心理需求扩大，然后满足需求，让客户感觉价值大于价格，以此达成成交。俱乐部会籍顾问的作用就是帮助客户选择最合适的健身方案，其实也是在帮助客户寻找健身需求，设立期望值，达成交易。[1]

在跨界到互联网行业之后，互联网行业对于健身用户的分类，标准明显不一样，他们根据用户的现状进行分类。通常也分成三类。第一类是健身小白用户，这一类型简单描述成"练得对"。第二类是有一定的锻炼经验，也坚持锻炼了一段时间，或者说锻炼一段时间以后效果不是很好，这一类描述为"有人陪"。第三类是锻炼比较好的一些，这一类描述为"要人看"。[2] 两个分类不一样的地方在于，第一类是健身俱乐部为主，认为任何能够进入俱乐部参观的人都有运动的动机，只是有的人没有清楚地认识到锻炼的好处，所以会籍顾问会在客户参观的时候，介绍很多运动的功效。第二类，是以用户现在所处的场景进行分类，按照用户的心理需求来设定分类。

没有优劣，只是角度不同。在移动互联网时代，用户可以随时查看健身视频和健身知识，因此训练的知识不再是壁垒。很多俱乐部的教练一直不太愿意去教那些不愿意买私教的会员太多东西，导致了很多俱乐部的会员体验不好。网络健身就不存在这个问题，像很多的健身App做视频教学，其实就是抓住了这个痛点。在移动互联网时代，会员的互动和教练的互动应该会变得更容易，

---

[1] 尹廷廷，钟丽萍，刘建武，等.基于Keep健身的实践案例探究双循环背景下健身服务业的发展方向[J].湖北体育科技，2021，40（8）：689-695.

[2] 刘楠.互联网+背景下健身产业发展策略研究[J].宿州教育学院学报，2019，22（3）：23-25.

因此更容易做好服务。①俱乐部服务成本太高是在于俱乐部内部原有的工作流程以及工作模式,服务成本太高,所以没有办法做到俱乐部会员大部分的互动,导致了超过80%的流失率。在移动互联网时代,秀照片,秀锻炼成果就是很好的互动方式。利用好这些工具,可以让俱乐部的服务更上一个台阶,而服务本身就是俱乐部产品。利用健身App可以做到很多数据的计算,让锻炼数据可以给会员跟教练同时展示,并留存形成存档。之前大部分俱乐部使用的管理系统一般都是对会员卡的管理,而对于会员的身体数据,以及锻炼数据,基本上都是以纸质的形式进行保存和建档。简单举例,关于私教会员的健身计划,很少有俱乐部能够做到,让私教会员在上完所有课程后清楚地知道自己都练了些什么。基于以上种种痛点,有很多健身App应运而生。②

6.2 网络健身的现状与发展趋势

6.2.1 网络健身的现状

中国现代社会高速发展,人们之间的关系趋于一种弱关联关系化,也可以说是松散化,要实现全民健身运动,需要结合各种传播手段,其中,网络作为推动社会进步的主要力量之一自然也是必不可少的,网络本身也逐渐展示出不可替代的优势,在促进社会发展上重要程度越来越高。国家体育总局局长刘鹏在2014年的中华全国体育总会第九次全国代表大会上指出,我国的网络体育组织有80万以上,其规模远超正式体育组织数量。在此背景之下,结合了互联网与全民健身于一体的网络健身运动开始逐渐发展,通过网络为健身爱好者以及其他有需求的受众提供同步的锻炼指导。这一健身理念经历了健身市场的考验,得到了诸多健身爱好者的接受与认可③。

---

① 袁华东.基于citespace运动健身App的研究热点及趋势探析[C]//.第三届"全民健身 科学运动"学术交流大会论文集,2021:123-124.

② 苗治文,李晓龙,岳超.我国全民健身的网络支持与应用[J].沈阳体育学院学报,2017,36(5):17-22.

③ 佚名.全民健身迎新春 线上运动亦精彩[J].少林与太极,2021(3):76.

·第6章 网络健身的管理问题及对策研究·

现在，使用手机接入网络已经是人们参与互联网互动的主要手段。通过互联网技术与运用各种手机应用（健身方面）人们可以随时随地地获取丰富多样的健身信息以及较为专业的指导。5G时代的今天，智能电子设备使得网络健身日趋智能化，各类健身模拟器材一一出现，例如，仿坡回球台、室内模拟高尔夫全自动发球系统、个性球场及3D高清画面场景等；体感运动机采用计算机视觉技术，结合虚拟运动环境将人的肢体动作精准获取；人们日常接触较多的几大球类，如网球、羽毛球、乒乓球等运动项目通过将虚拟网络与健身器材结合实现网络健身。健身模拟器材通过结合虚拟运动环境，达到人机合一、互联互动的效果。[①] 除此之外，智能手环作为健身爱好者不可获缺的设备，为健身爱好者提供了许多便利，包括日常锻炼记录、睡眠实时数据、心率监测、运动路径记录、能量消耗等，通过多方位的数据收集整理给出较为科学的健身技术指导并同步至手机端。当下的网络健身技术已经逐渐发展趋向成熟，但在5G时代下，为各领域的上限带来了新的高度，网络健身也不例外。

著名的美国互联网门户网站Yahoo列出了众多健身网点，其中大量网点主要提供健身活动报道、健身活动组织及健身用品供应商的信息。虽然互联网给人们带来了不少的便利，但同时也带来了很多身心上的压力。除了充分享受互联网所带来的便利，人们也应该关注自身所处的环境中的身心压力。互联网全球普及之后，从开始的计算机过渡到如今的移动终端，网络的不断更新使人们随时随地接触互联网成为可能，越来越多的人已习惯于用手机、平板电脑等网络工具查阅信息、获取资料和娱乐休闲。无论是学习、生活还是娱乐，互联网已然成了人们必备的工具，并且对其的偏倚日益加重。网络健身结合了锻炼身心的初衷以及互联网的便利，打破时间与空间的限制，产生一种虚拟现实下的健身活动模式，依靠网络的便捷条件组织健身活动，将生活中每个角落的人们聚集起来，适当解放人们日常生活中对网络的娱乐性依赖，转而引导人们加强

---

① 黄维文，于洋，钱程玮，等.线上用户对体育平台使用偏好情况探究[J].体育世界（学术版），2019（8）：37-38.

对身心的调整与锻炼，改善人们的生活质量和精神面貌，达到健身的目的。

6.2.2 网络健身的发展趋势

近年来，国家越来越关注人们的身体素质。政府鼓励健身休闲行业的发展，并给予了许多政策的支持。除了对线下健身行业的扶持，对线上休闲健身也给予了一定帮助。在2016年颁布的《国务院办公厅关于加快发展健身休闲行业的指导意见》中，从政策上支持"互联网+健身休闲"，并鼓励开展基于移动互联网、云计算技术和大数据等科技技术的休闲健身服务。[①] 积极推动健身休闲在线平台企业发展壮大，整合上下游企业资源，形成健身休闲产业新生态圈。对于消费者来说，超重问题在中国较为严重，由此引发的一系列后遗症对人们的生活，乃至身体健康有严重影响，人们开始转变观念，重视运动。而且可以看出健身市场较大，还有很多需求没有被满足。在政策的推动下，人们的健身素养有所提高，也为线上健身 App 的发展提供了用户基础。而运动健身 App 经过了探索期、爆发期与成长期，市场逐渐趋于饱和，需要开始健身新模式的探索。[②] 从以上分析可以看出，虽然有国家政策的扶持，迎合了消费者的需求，现在互联网技术的支持使得线上健身得以发展，但是更多竞争对手的进入，潜在进入者的观望对最开始的健身 App 产生冲击，使之发展渐趋疲软，具体有以下的表现。

（1）使用者流失，由于人们的享乐心理，人们更倾向于使用享乐型产品，而健身的特性使得用户难以坚持，经常在开始使用的阶段放弃，而健身 App 是一个功能性应用，当人们放弃坚持健身时，很少会再次使用。

（2）功能难以面面俱到。线上健身 App 免去了一些麻烦，使得健身更容易实现。但是与线下健身相比，线上健身的功能难以满足消费者的需求。例如，每个人的身体素质不一样，锻炼的程度不一样，而线上健身的教程更为标准化，

[①] 本刊综合."云健身"练出新时尚[J].发明与创新（大科技），2021（3）：34-35.

[②] 尹廷廷，钟丽萍，刘建武，等.基于 Keep 健身的实践案例探究双循环背景下健身服务业的发展方向[J].湖北体育科技，2021，40（8）：689-695.

·第6章 网络健身的管理问题及对策研究·

所有的教程面向所有用户，难以满足个性化的需求，也没有老师可以矫正动作，避免二次伤害；健身需要注意的事项无法一一了解，健身塑形需要注意的饮食问题，也无法很好地解决；健身过程较为枯燥，一个人的锻炼使得更难以坚持，等等。虽然现在的软件有相应的解决措施，但是由于技术等原因，还是没能很好地解决这些问题。

（3）商业化与用户体验的平衡。线上健身App要落实到商业化，如何盈利是必须考虑的问题。最常见的方式是在应用内植入广告，建立网上商城，售卖相应的健身产品，上线收费课程，提供会员服务等。但商业化的同时有可能会影响用户体验，如Keep，为了更好地实现商业化，开发了许多功能板块，用户却难以找到自己想要的板块，不仅不利于新用户的使用，还影响了老用户的使用感受，用户对此不满，使得用户留存率降低，Keep没有平衡商业化和用户体验之间关系，用户流失更多了。

基于以上提出的问题为导向，网络健身未来发展趋势走向大致分为三点：对网络健身用户的健身意识培养、网络健身个性化以及发展网络健身社交。首先，要想培养网络用户的网络健身意识，先要刺激用户网络健身需求，并制定相应的激励机制。重点在于激发用户内心的健身需求，外在的激励机制只能起辅助作用，要从根本上激发用户的健身需求还是要用户自身下定决心才能解决。需要群众的健身意识不断提升，激励机制则辅助人们坚持。健身意识的培养需要国家政策的帮助，消费者教育的持续进行，不是一件短期就能有成效的事，具有一定的风险。个性化服务近年来是一个经常提到的服务方式，随着生活质量的提高，人们对标准化服务的需求已转变为对个性化服务的需求，针对普罗大众的标准化服务已不能满足用户的需求，如果健身课程能够有针对地进行训练规划，并辅以相应的饮食搭配，将会是一个很大的亮点。[①]虽然越来越多的软件推出了个性定制这一服务，但还是处于比较低级的个人定制，并不能很好地满足需求。这一服务也需要技术的不断进步，智能化水平不够高，对于

---

① 吴春熠.稳根基寻突围 健身行业纷纷开拓线上市场[J].体育博览，2020（4）：14.

用户体型不够了解，是这一服务未能很好发展的原因。健身人群除了对于训练的关注，饮食的搭配也是他们十分关注的一个点。市面上关于健身塑形的 App 提供了记录食谱并大概计算热量的服务，但与之前说到的问题一样，由于各方面的原因，能满足部分需求，但未能很好的满足。健身 App 除了是一个提供健身内容的应用，它的社交内容也会是里面的一个重要部分。大家可以在里面分享自己的健身成果，结交志同道合的朋友；可以学习别人的健身知识，少走弯路；在一天健身完成之后，也会使用健身软件进行社交。其实健身社交化并不是一个不可能的事情。可以看到，现在许多健身 App 都有社区的板块，但并未很好地进行运营，所以这一板块未能很好地发挥它的作用。但如果这一功能可以实现，对于留住用户是一个很有效的服务。

虽然健身 App 一片向好，但在繁荣的表象下仍存在许多需要改进的问题，这些问题也是机会，代表着用户还有未被满足的需求，市场还有无限可能，还有进步的空间，还可以超越现在的模式。对于一些问题，有些是线上健身的局限，例如，需要器械进行锻炼，很难或无法被解决，有些现有的技术不能满足，有些是发展的平衡问题，等等。

6.3 网络健身行业的管理问题及解决机制
6.3.1 网络健身管理中存在的问题
6.3.1.1 监管相对落后

目前，政府等相关部门对网络直播健身的监管存在缺乏科学性和及时性的问题。网络直播健身作为互联网领域的一种新兴产业，正在逐渐形成一种新的商业模式和社会形态。然而，由于网络直播平台具有社交化、私人化和去中心化等自媒体特性，使得监管部门很难及时对其发布的内容进行过滤审查。直播内容的多样性不仅影响着审查信息的人，同时对传播信息的人也有影响，这就造成了以下两种局面。

（1）国家立法及制定政策的速度往往滞后于网络健身发展的速度，导致针对网络直播治理的"真空期"。例如，2016年4月，国家文化部出台了网络直播专项治理政策，但在这之前，网络直播平台的涉黄、涉暴等违法乱纪现象却早已泛滥成灾，而关闭不良网络直播平台的案例却发生在2017年初，并且在这段治理"真空期"，不良网络直播内容对社会造成了恶劣的影响。这表明国家政策和法律的出台速度是落后于网络直播产业的发展速度的。

（2）国家对网络直播平台的治理方式以专项治理为主。专项治理又称运动式治理，针对互联网专项治理的概念为：由一个主管部门统筹协调，集合多部门资源联合执法，在较短的一段时间内针对互联网行业的突出问题进行快、准、狠、重地行政监察、执法处罚行动。互联网专项治理的突出问题主要包括互联网淫秽色情有害信息治理、互联网盗版软件治理、互联网垃圾邮件治理等。自网络直播兴起以来，我国对网络直播平台的整治方式多是以专项治理为主。网络直播作为互联网领域新兴的自媒体媒介，其发表的言论及观点能很快地对社会造成影响。因此，国家对其传播政治性敏感言论、淫秽信息、社会舆论等违背社会主义道德规范的行为有着强烈了整治冲动，开展凶猛且迅捷的专项治理行动便是一种方式。然而，在当前网络直播飞速发展的背景下，国家相关治理部门治理专业人手不足、国家相关立法缺失、多部门协调能力不够等问题都被放大，凸显出运动式的专项治理跟不上网络直播行业的发展速度，存在一定的滞后性。

6.3.1.2 缺少针对未成年人的法律规章制度

未成年人是积极追求新鲜事物的活跃群体。而网络健身又属于较为新兴的产品，所以参与网络直播健身的用户中也存在着一定数量的未成年人。虽然未成年人在参与网络直播健身的过程中可以培养健身意识，增强身体素质，扩宽自身视野，但不可否认的是，网络直播健身也会对未成年群体带来一定程度的负面影响。例如，未成年人使用父母的手机观看直播并对网络主播进行打赏的案件屡见不鲜，未成年人还未树立完整的消费意识，容易被主播的言语等行为诱导，进而产生高额消费，对主播进行打赏。所以，针对网络直播领域的未成年人保护制度必须提上日程。通过整理保护未成年人的相关立法，目前该领域主要的法律法规有《未成年人保护法》和《预防未成年人犯罪法》，与未成年人网络保护相关的立法仅有《未成年人网络保护条例》。该条例从网络保护监管机制、个人身份信息、信息接受过滤系统等方面对未成年人进行保护。虽然这能在一定程度上对未成年人进行网络保护，但其侧重于防止未成年人沉迷网络游戏，针对网络直播健身方面的约束相对较少。从目前互联网络发展的形势看来，不良网络直播对未成年人的危害相比于网络游戏有过之而无不及。因此，在未来对未成年人保护的立法工作中，不能忽略针对网络直播的约束，以适应当前时代的要求。

6.3.1.3 网络健身行业规范缺失

行业内部通过制定统一制度以进行自我约束即是行业规范，其目的是保证行业稳定有序的发展，行业规范的约束力相对于政府制定的相关法律法规较小，需要行业内部的工作者自觉遵守。在自媒体飞速发展的背景下，网络直播健身的形式更新速度远快于相关部门制定监管方法的速度，这就会形成外部监管的空白地带，威胁网络直播健身的发展环境；再者，网络直播健身平台内容趋于同质化。因此，这就需要网络健身直播从业者自觉遵守行业规范，保证行业内部稳定。就目前阶段而言，网络直播健身行业的行业规范并不成熟，现存的仅有北京市互联网企业联合发布的《北京网络表演（直播）行业自律公约》，缺少全国性的行业规范。

6.3.2 网络健身行业问题产生的原因

6.3.2.1 网络健身行业准入门槛低

在当前网络环境下，大部分的网络直播平台的直播门槛都比较低，用户只需要凭借一张个人身份证加上简单的手机或电脑等设备就能认证主播身份，并进行网络直播。甚至在一些小的直播平台上，用户仅需要使用一个手机号或者QQ等第三方账号便可注册成为网络主播，这使得平台监管方无法对主播的真实身份进行确认。再者，网络主播在从事直播行业之前，直播平台对主播的文化程度、年龄等条件没有硬性的规定，也没有要求主播开播前必须经过岗前培训、持证上岗。

另一方面，各直播平台没有对观看直播的观众进行限制，用户可以随意选择直播间参与观看，并进行实时的在线互动。直播平台的低准入门槛导致参与直播人群结构多元化，不同类型的观众发表的言论极易造成冲突，而网络直播的实时性就容易造成冲突的加剧，放大准入门槛低给网络直播带来的伤害。

6.3.2.2 网络健身行业管理制度跟不上网络健身的发展速度

自我国颁布首部关于互联网的法律法规的文件以来，至今已有20余年。这是我国完整的法律体系中不可缺少的一部分，其好处不言而喻。但由于互联网及其衍生产品的飞速发展以及我国司法实践的严格要求，针对网络直播平台和当下网络直播的复杂形式这一系列新鲜事物，立法的速度追不上直播形式变化的速度，还是会体现出我国关于互联网立法的相对滞后性。

由于目前我国颁布的与互联网相关的法律法规缺乏可操作性，甚至远离了社会现实情况，并且与互联网相关的刑事、行政法律也缺乏完整性，因此，造成了网络直播违法犯罪活动频发，甚至主播违法了却不自知。由此看来，我国目前互联网行业的规章制度的更新速度相对落后于网络直播行业的发展速度。

6.3.3 网络健身管理制度的建立

当前网络健身管理的主要措施包括完善相关制度以及采取专项治理行动两个方面。

首先，在完善相关制度方面，政府监管网络直播平台的制度主要有市场准入制度、主播黑名单制度和实名登记制度等。政府通过不断出台网络直播相关政策，形成了相对完善的市场准入制度。在网络直播健身平台提供服务之前，市场准入制度规定其需要先依法取得相关资质，并且只能在限定范围内提供服务。市场准入制度规定，一个合规的网络直播健身平台需要办理"营业执照""ICP经营许可证""信息网络传播视听节目许可证""网络文化经营许可证"等必要证件，另外，"营业性演出许可""网络出版服务许可证"和"广播电视节目制作经营许可证"等其他证件也必不可少，除了相应的证件之外，还需要进行 ICP 备案。

主播黑名单制度也在逐步完善，由最开始的网络直播平台建立主播黑名单制度，限制违规主播在平台内的活动，到后来的直播行业内建立主播黑名单制度，对有劣迹的网络主播进行全行业的封禁。同时，政府方面也建立了网络直播黑名单制度，其规定各个网络运营商不得为黑名单内的主播提供网络接入服务。

在实名登记制度方面，网络直播平台通过强制要求网络主播实名登记，以此来约束主播的行为，从而减少网络冲突的发生。这一制度从最开始的简单身份证登记到人脸识别加身份证登记，实现了一人一号的要求，有效防止冒名顶替进行直播的行为。同时，对参与观看网络直播的用户进行实名登记也能有效减少网络问题的发生。

其次，专项治理行动方面，国家对网络直播平台的治理方式以专项治理为主。专项治理又称运动式治理，针对互联网专项治理的概念为：由一个主管部门统筹协调，集合多部门资源联合执法，在较短的一段时间内针对互联网行业的突出问题进行快、准、狠、重地行政监察、执法处罚行动。

6.3.4 网络健身管理的法律责任

互联网不是法外之地，从事网络健身直播的主播在进行直播的过程中，需要承担相应的法律责任。现阶段还没有明确的法律规定网络健身主播在直播过程中应该承担什么样的责任，如果主播需要承担的责任太轻，会造成直播内容的低质化，相反如果主播需要承担的责任太大，则会阻碍网络直播健身的发展。如何平衡有效监管和平稳发展的双重利益是首要问题。除此之外，网络直播活动中产生的问题属于民法或治安管理处罚法的监管范围，极少涉及刑法层面的问题，这就导致了对违规主播的处罚程度不够，起不到有力监管的作用。产生以上问题的原因主要是直播行业的特殊性以及刑法在直播领域的运用和执行不到位。为了使直播行业朝着好的方向去发展，首先需要以刑法为本，规制网络健身直播中的违法行为，运用法律来引导从业者合理操作。

在保障人民合法权益时，法律是底线，而刑法是我国法律体系中最严厉的手段。所以，如果在网络直播健身中出现了违法犯罪的行为时，应该严格执行刑法的规定，对犯罪分子予以最严厉的处罚，从而对整个行业起到威慑和引导的作用，起到杀鸡儆猴的效果。依照刑法的规定，明确网络直播健身中各个责任主体，才能保证网络直播健身行业稳定有序高效的发展。

6.3.5 制定未成年人保护的法律规划

为给未成年人营造良好的网络环境，保障未成年人身心的健康发展，网络监管部门要加大对违法违规的网络直播平台的惩罚力度。除此之外，还可以从以下几个方面完善相关法律法规。

（1）建议禁止未成年人成为网络主播。在2019年全国两会上，网络直播中的未成年人保护问题受到了全国政协青联界的关注，各界人士对未成年人成为网络主播发表不同意见。总的来说可以归结为支持和反对两方面的建议，支持方认为，未成年人成为网络主播给了其展现自我的舞台，使得未成年人有充分发挥自身才能的机会；反对方认为，青少年时期尤其是未成年阶段是个人养成良好道德习惯和培养价值观的关键时期，这个阶段的人辨识能力弱，容易被不良价值观影响，未成年人担任网络主播的事情会误导未成年视其为成名或获利的方式，这会对未成年人的价值观造成极大负面影响。"少年强，则国强"。由于未成年人相对较弱的明辨是非以及自我管理的能力，为了保护其健康发展，要禁止其进行网络直播。

（2）分级管理网络直播内容，限制未成年接受的直播内容。网络直播的内容在合规的基础上，还可以借鉴国外的相关先进经验，对直播内容进行分级管理。就目前的互联网发展形式而言，网络直播、短视频等快节奏传媒方式已经成了大众获取信息和休闲娱乐的重要形式。合理有效的内容分级方式，能让不同年龄段的人群高效获取想要观看的内容，这对保护未成年群体有重要意义。国外的分级方式主要是通过对影片内容所适应的人群进行分类，虽然不同地区对影片的分类标准和依据不统一，但我们可以借鉴这种分类的制度，根据网络直播内容的受众群体，按照未成年人和成年人的划分原则，对其进行分类。针对一些包含性暗示、血腥暴力等对青少年身心健康有害的直播内容，禁止未成年人参与观看。就目前我国的情况而言，尚未制定合理的分级制度。虽然不能一蹴而就地制定网络直播内容分级管理制度，但可以将直播内容划分为适合未成年人观看的及成年人能观看的。

（3）限制未成年用户的观看直播时长，即对未成年账户设置防沉迷系统；禁止未成年用户对主播的打赏行为，设置限制措施以控制未成年人的打赏行为。为未成年人的健康成长营造一个良好的网络空间。

6.4 对网络健身行业管理制度的建议

6.4.1 完善相关管理制度

随着网络技术的发展和新冠肺炎疫情的影响，网络健身也随之兴起。作为一个新兴行业，它许多相关制度都不完善。应着力完善网络健身管理制度，促进网络健身健康发展。

（1）健全网络健身制度内容体系。目前，由于缺乏网络健身相关的数据统计制度，导致数据统计标准不统一、准确性不高以及分析服务不到位；特别是难以对网络健身促进身体健康的效益进行定量评估，进而影响决策质量和评估效率。同时，网络健身项目和网络健身群体均较为单一，需要加强普及日常健身，发展特色运动，促进线上线下健身的结合。

（2）完善网络健身信息资源平台。就目前阶段而言，国内的网络健身数据库信息不全面，与发达国家的网络健身数据库存在一定差距。其差距主要体现在以下几个方面：首先是数据库水平不高；其次是对网络健身数据信息资源的利用程度不够，使得健身数据之间存在信息孤岛；最重要的是，国内目前未形成对网络健身信息的采集、分析、整理、使用和保存的统一规范化过程。

（3）完善网络健身体验环境和体验方式。网络健身环境封闭，网络健身大部分在室内进行，缺乏必要的群体沟通，容易造成健身热情下降。与传统健身相比，网络健身项目的设计大部分只能锻炼手部、脚部等少部分肌肉，容易造成肌肉拉伤。同时，在网络世界里，由于用户都是自主参与网络健身，网络健身主播对用户的约束没有线下健身强，对健身项目的规则和锻炼指标传达不到位，这会造成用户健身效果大打折扣，甚至在某些运动强度大的项目上会造成健身用户产生运动损伤。

（4）强化网络健身内部组织。网络健身者大部分以自我管理为主，网络健身规则缺乏约束力，导致健身效果不佳。需要优化线上健身内部组织的沟通联系，形成多人沟通促进的良好局面。

（5）建立网络健身服务保障机制。网络健身行业门槛较低，从业者素质不一，保障机制能够充分保障网络健身体系的畅通。通过加强政府对企业、企业对从业者、从业者对健身者的监制，促进行业的蓬勃发展。

6.4.2 明确直播平台与从业者的法律地位

网络直播行业的用工方式相较于传统行业更加灵活多样，而现行的劳动法是在传统用工方式的基础上制定的，调整模式单一，并不能完全调整网络主播和直播平台之间的法律关系，故网络直播平台用工很大一部分仍处于法律调整的灰色地带，这不仅对直播从业者的权益保护造成了不利影响，也对传统劳动关系的稳定性造成了巨大冲击。有关网络主播与直播平台的劳动纠纷层出不穷，如何认定该用工关系成为难题。

网络平台用工关系是网络主播与直播平台的法律关系的上位命题，直播平台用工属于网络平台用工的一个具体领域。虽然网络平台用工形式复杂多样，不同平台可能会采取不同的商业模式和用工方式，各自面临的主要问题及其形成原因存在差异，但其中也存在共性，基于此，有关网络平台用工关系的研究对于厘清网络主播与直播平台的关系仍然具有重要价值。部分学者从用工关系的认定出发进行分析，如谢增毅等[1]人提出对网络平台用工劳动关系的认定，

---

[1] 谢增毅.互联网平台用工劳动关系认定[J].中外法学，2018，30（6）：1546-1569.

应更加注重实质从属性，考虑平台员工工作时间、收入来源、社会保护的必要性等因素。部分学者从不同角度出发对劳动法体系的建构提出建议，从扩大劳动关系认定范围出发，认为应当对各类灵活用工形式分类规制，设立特殊中间主体，以此来保护收入来源于平台且无法纳入劳动关系范围的劳动者，进一步优化劳动法调整模式。王美荣[①]则从网约工的权益保护出发，主张建立三元框架，将网约工劳动关系划分为非典型劳动关系、独立劳动和居间型的准从属性劳动关系，为劳动关系的认定提供可选择的弹性空间。一是转变劳动法调整模式，采用三分结构增设类似劳动者制度，扩大调整对象，二是保持传统劳动法体系不变，专门制定下位法，规范网络直播用工关系。

6.4.3 加强对网络健身从业者的法制教育

网络健身蓬勃发展，网络健身主播职业素养参差不齐，各类直播平台为了分取利益的蛋糕野蛮生长。在直播行业准入门槛低的背景下，若直播的过程中网络主播的言行举止不规范，轻则传递错误信息，造成网络健身用户进行错误锻炼，重则传递错误的价值观念，造成不良社会影响。由此看来，加强网络健身从业者的法制教育，使其执法、懂法、守法，传递正确的价值观，是规范网络健身行业必不可少的一环。

提高网络健身从业者门槛，健全直播规范。网络直播平台应积极参与提高网络健身准入门槛的工作，对主播的基本职业素养和专业能力进行培训，对主播的价值观念进行教育，从而保证网络主播传递信息的高效性、真实性以及价值观念的正确性。设置严厉的惩罚制度，对不符合操作规定的主播予以警告、封号、关闭直播间等处罚，为用户营造绿色的网络健身环境。

6.4.4 完善行业自律机制

网络健身是互联网和传统健身的结合，作为一个新兴产业，它与互联网行业一样，有着参与门槛低、时效性强以及内容多样化的特点，从而容易吸引企

---

① 王美荣.论网约工的劳动关系认定及权益保护[D].桂林：广西师范大学，2019.

业的关注。借助互联网平台的便利性,企业可以以一种轻松的方式实现自由的信息发布和商品交易,借此获得利润。从而产生了如何正确引导企业利用互联网平台,促进互联网经济的发展这一引人深思的问题。从营造良好的网络环境及规范行业发展的角度而言,行业自律是实现良好网络环境的必要前提。

行业自律首先需要企业加强其自律意识。只有各个互联网企业先做到自律,企业内部制定监管机制,才能培养员工的自律意识,从而形成行业自律的大环境,使互联网行业得到净化。再者说,只有先实行企业自律和企业内部监管,才能实现企业与互联网平台的有力结合,企业才能更好地借助互联网行业的优势刺激利润增长,更进一步打造良好的企业形象。

其次,行业自律少不了监管部门的有序监管。由于网络健身属于互联网行业的新兴产业,存在不断更新换代的新技术、新业态,因此监管部门的监管需要在平衡网络健身的发展和有效实现监管的前提下进行。这是一个从适度到严谨的过程,需要监管部门稳步有序地推进。从长远来看,互联网行业不是法外之地,其可持续发展的实现离不开有序监管。

最后,明确行业自律的规范界限。在净化互联网生态时,规范促进自律,自律保障规范落实。就互联网行业而言,加强行业自律相当于提出更高要求,这能促进企业、行业的整体健康发展,也能缓解行业内的恶性竞争。在行业自律的前提下,为确保其有效性的可持续,离不开政府监管部门积极参与对自律条款的改进并监督其实施。自律条款的制定需要相关监管部门的参与。因为制定自律条款需要考虑其约束性和有效性,所以为了保证自律条款的有效约束就需要行业从业者及监管部门双方共同参与制定,这样才能保证约束有力且全面。

6.4.5 政策支持

产业的发展离不开政策的支持,要想网络健身行业蓬勃有效发展,需要政府从宏观上建立多元融资、筹资机制,优化投资、融资政策,推动各类优惠政策,从而刺激产业发展。此外,还可以出台网络健身具体发展方向相关政策、网络健身服务行业标准、健身服务与其他产业融合发展细则等法规政策,从而细化网络健身行业发展的配套政策，以促进网络健身服务的转型与升级，支持互联网新兴产业的发展。

6.4.6 人才保障

培养从事网络健身发展所需的组织人员、管理人员、科研人员、健康指导人员、支援团队等方面的人才，填补网络健身人才空缺。

构建网络健身效果评估体系。通过网络健身公共服务数据库采集相关健身数据，构建包括健身行为、健身效果、健身环境等评价指标的全面健身评价体系，实现对网络健身效益的定量评估。

6.4.7 科技支撑

针对网络健身核心技术进行攻关研发，如网络健身行为干预、智慧健身等领域的关键技术；开展如远程体感设备、可穿戴智能设备、虚拟现实运动装备、智能运动手环等科技装备的研发，通过智能装备收集用户的健身数据，运用智能算法及评估体系对用户健身效果进行评估反馈；建立网络健身数据库，配合计算机技术对网络健身效果实时评估；鼓励对运动健身如何促进身体健康的理论基础进行研究。

第7章 运动健身项目虚实融合训练效果影响因素及评价方法

7.1 研究背景

7.1.1 问题的提出

习近平总书记曾多次强调要大力发展群众体育运动，通过全民健身实现全民健康，进而实现全面小康目标。但在全民健身运动实施项目中我国目前仍然存在很多的问题需要解决，例如，群众社区周围的健身场地设施落后且缺乏、健身组织和全民健身赛事活动较少、社会体育指导员匮乏无法进行因材施教、只有少数职工参加体育锻炼，尤其在青少年这个年龄段中，他们的体育锻炼明显不足，体质亟待增强等。[1]

大数据、物联网、云计算和人工智能等现代信息技术在体育运动上的广泛运用使得上述问题有了一定程度上的改善。《全民健身计划（2016—2020年）》（国发〔2016〕37号）中明确提出要强化全民健身科技创新，以科学技术赋能全民健身方法和手段，实现科学技术与健身活动的有效融合。[2] 信息化技术在健身课程中的应用，充分调动了健身参与者锻炼的积极性，改变学习者对健身的认知，增强学习的主体性和自主性。[3] 特别是线上线下混合教学模式在健身中的应用，让健身学习者能够利用碎片化的时间去学习和锻炼一些更为细节化的技能和动作，从而规范技术动作，并在线上和线下的学习过程中感知到健

---

[1] 葛延辉.智能体育在全民健身实施中的发展策略研究[D].成都：成都体育学院，2021.

[2] 董新光.全民健身大视野[M].北京：北京体育大学出版社，2003.

[3] 钱锋.以学为中心的篮球专项课程线上线下混合教学模式改革研究[J].当代体育科技，2021，11（26）：121-124.

身带来的乐趣。因此，在线下健身教学中引入线上健身教学（网络教学），即O2O混合教学模式可以弥补传统线下单方面健身教学模式的缺陷，在线健身教学活动让传统教学时间和空间进一步得到有效的延伸，能满足健身者碎片化学习需求，为他们提供个性化的教学手段[①]。同时，应运而生的各种智能健身器械和智能体育场馆，让体育健身向着智能化方向发展。智能健身设施、虚拟现实设备的广泛应用，正在有效打通线上线下场景，突破居民参与体育健身的瓶颈，提升运动生活方式的黏性。

目前，国内关于运动健身线上线下融合的训练效果的研究很少。对线上线下融合训练效果的研究有助于发展全民健身运动，满足人民日益增长的运动需求，维护国民身体健康。基于此，本研究尝试探索线上+线下融合训练效果的影响因素，进而提出线上线下融合训练效果提升和发展路径的智能决策方法。

7.1.2 文献回顾

7.1.2.1 线上线下融合训练

目前，学术界对于线上线下融合训练概念没有明确界定，但关于线上线下融合体育训练已有学者做了一定的研究，大致可分为两类。一部分是将线上运动训练作为理论知识的补充，既保留了传统教学模式直接沟通和面对面指出错误的优势，还通过网络教学平台，实现了线上和线下的融合训练。研究主要面向线上线下融合训练在校园体育课中的应用。张磊[②]针对高校体育课程，提出线下教授体育技能的同时，应结合线上教学平台补全学生的运动理论体系，形成良好的体育素养。诸悦[③]认为，学生通过线上线下融合训练有助于学生积累

[①] 李宁. 线上线下混合式教学在体育院校网球专选课中的应用研究[D]. 济南：山东体育学院，2021.

[②] 张磊. 媒介融合视域下高校体育课线上线下混合制教学模式探索[J]. 体育科技，2021，42（2）：130-131.

[③] 诸悦. 线上线下混合式教学方法在大学健身健美课教学中的运用[J]. 运动精品，2021，40（5）：14-15+17.

更多细节和学习的重点，有效弥补了单一线下训练在时间和空间上的不足，给予学生更多自主学习的机会。钱峰[1]讨论将线上线下融合训练引入篮球专项课堂，他认为如此能扩展运动学习范围，并初步构建了适合普通高等院校体育课堂混合教学模式实践的路径。李晓磊[2]认为，对于体育这门学科，融合线下班级授课学习优势与网络个性化学习优势，能更好地发挥学生在教学活动中的主体地位，激发他们对于体育学习的兴趣，让其形成终身体育锻炼的意识。崔宏超等[3]对线上线下融合训练在篮球教学中应用的必要性进行论述，然后分析阻碍线上线下融合教学模式应用的因素，从而分析出实践策略，包括提升教师个人能力、整合网络优秀资源等。

另一类研究认为线上线下融合训练是利用虚拟现实技术或者智能传感技术等让用户对体育锻炼行为进行全面感知，并利用云计算技术对海量感知信息进行过滤处理和分析，如对全民健身、竞技体育和体育场馆及设施等用户的各项需求做出智能响应和智能决策支持。张骥傲等[4]认为，引入VR技术到运动项目中，不仅可以实现虚拟辅助训练，极大提高项目训练的科学化程度，而且能够有效提升运动项目的竞赛水平，使运动项目获得良性的发展。Neumann等[5]认为，以VR技术作为媒介让运动员与虚拟环境进行交互的方式，能够为运动员提供"真实"的训练场所，同时也能够围绕用户的不同训练需求对训练场景进行相应变化，让运动员在运动训练中获取更多的便利，与传统训练方式相比

---

[1] 钱锋. 以学为中心的篮球专项课程线上线下混合教学模式改革研究 [J]. 当代体育科技，2021，11（26）：121-124.

[2] 李晓磊. 线上线下混合式大学体育课程构建的探究 [J]. 当代体育科技，2021，11（27）：95-97.

[3] 崔宏超，邓韵. 线上线下互动教学模式在篮球教学中的实践探索 [J]. 当代体育科技，2021，11（32）：114-116.

[4] 张骥傲，黄海燕. "VR+体育"的应用、机遇、困境与对策 [J]. 体育科研，2020，41（5）：17-24.

[5] NEUMANN D L, MOFFITT R L, THOMAS P R, et al. A systematic review of the Application of interactive virtual reality to sport[J]. Virtual Reality, 2017(22): 1-16.

具有多重优势。Fitzgerald 等[1]认为虚拟现实技术构建虚拟训练和比赛的形式被应用于运动训练中,一方面满足了训练要求,降低了环境、天气与伤病带来的负影响,另一方面也能为记录运动员的训练表现提供实时数据,使得运动技术分析和优化达到高帧率摄像等传统方式无法企及的精确度。

鉴于此,本书基于线上线下健身训练的概念,将运动健身线上线下融合训练内涵界定为:在传统线下运动健身的基础上,借助网络教学平台进行细节化的技能和动作的学习,或是借助 VR 与传感器等对运动健身提供智能响应和智能决策支持的训练。

7.1.2.2 训练效果评测影响因素

目前,专门针对运动健身线上线下融合训练的效果及影响因素的研究还少之又少,学者们主要研究线下实地训练和运动行为的效果和影响因素。

在实地训练方面,20世纪50年代苏联出现了"二元训练理论",并成为主流训练理论,据此,体育运动能力由"体能"和"专项能力"这两个"元因素"构成。[2] 姜迪等[3]认为,"体能"包括速度、力量、耐力等素质能力;"专项能力"是指从事某种运动项目所具备的专门运动能力,包括动作优美性、表现准确性、身体协调性、各类对抗性、心理因素等。由于竞技体育项目类型包罗万象,1983年,田麦久[4]首先提出了项群训练理论,把竞技体育训练分为体能训练(爆发力、速度、耐力等)、项群训练(如技巧、短跑、投掷等项群类)和专项能

---

[1] FITZGERALD D, FOODY J, KELLY D, et.al. Development of a wearable motion capture suit and virtual reality biofeedback system for the instruction and analysis of sports rehabilitation exercises[J]. Conf. Proc. EEE Eng. Med.Biol. Soc., 2007(2): 870-874.

[2] 周爱国,张猛.一元、二元训练理论的哲学辨析[J].北京体育大学学报,2010,33(4):106-108.

[3] 姜迪,郭文俊,袁鹏.力量素质促进女子短跑运动员专项技术完善的相关分析[J].成都体育学院学报,2013,39(9):73-76.

[4] 田麦久.研究人体运动规律的科学:人体运动学[J].体育科学,1983(2):82-85.

· 第 7 章　运动健身项目虚实融合训练效果影响因素及评价方法 ·

力训练（表现准确性、表现难美性、对抗性等）三个阶段。陈亮等[1]分别从体能、项群和专项能力三个训练阶段对训练目标、训练内容、负荷量度和训练组织四个角度进行统计分析，研究运动员心理素质、技术素质、体能素质、对抗能力和智谋应变能力等多个维度的训练效果影响因素。吴南中等[2]认为，高负荷脑力和大强度体力运动训练都会影响到运动员的应变能力和训练效果，因此，在训练中需要将不同类型训练资源、运动员信息和竞技要素组合叠加在一起。毕春佑等[3]认为，运动强度是日常健身活动中最主要的影响锻炼效果的因素。运动健身效果的显著与否取决于健身负荷强度是否合理，运动健身强度较小时，会容易达不到健身锻炼的目的，无法改善身体素质；而健身强度过大时，又容易导致身体各器官承受的压力增加，将有可能造成健身者的运动感觉偏差，甚至发生运动损伤。

有关自我评测运动行为方面，吴健等[4]研究指出，在训练当中，大学生锻炼行为具有阶段性和反复性，心理承诺、锻炼乐趣、参与选择、参与机会、个人投入、社会约束都是影响大学生运动的重要因素。金新玉等[5]从理论层面剖析了身体自我与体育锻炼之间的关系。梁建秀[6]研究指出，有体育锻炼习惯的学生和无体育锻炼的学生在锻炼效果评价方面，会分别将锻炼效果与外部因素

---

[1] 陈亮，田麦久. 项群训练理论研究平台的构筑及平台效应的多维统计分析 [J]. 武汉体育学院学报，2016，50（1）：69-76.

[2] 吴南中，夏海鹰. 混合学习中"虚实互动"效果的影响因素研究 [J]. 现代远距离教育，2019（2）：33-42.

[3] 毕春佑，高玲娣，王钟音，等. 心脏康复运动处方在全民健身中的应用 [J]. 中国运动医学杂志，1998，24（1）：91-92.

[4] 吴健，陈善平. 大学生坚持体育锻炼的特点及影响因素研究 [J]. 山东体育学院学报，2008（1）：83-86.

[5] 金新玉，王进. 大学生身体自我影响体育锻炼行为选择的理论探索 [J]. 浙江体育科学，2007（6）：101-105.

[6] 梁建秀. 影响大学生体育锻炼习惯形成因素的研究 [J]. 体育科技文献通报，2011，19（7）：29-31.

和内部因素相关联。这些影响因素对不同年级学生的作用力基本一致，但是在性别方面存在了显著差异。朱小毛等[1]以运动承诺理论为基础，采用问卷调查与访谈等研究方法，探讨个人因素、校园环境、社会支持如何通过锻炼承诺来影响长沙市大学生体育锻炼。

7.1.2.3 训练效果评测模型

2008年，Bishop[2]提出了运动训练学应用研究八阶段（明确问题、描述性研究、预测指标、实验检验、决定因素、干预研究、障碍清除、训练实施）模型。在预测指标、实验检验、决定因素阶段，Greunke 等[3]采用与信息学科、管理学科交叉融合的研究方法，利用新兴信息技术，尤其是 VR 训练技术开展以数据为中心的应用研究，用虚拟仿真训练效果数据进行效果评价分析[4]。

在国内，张灵婕等[5]根据影响因素大类，利用层次分析方法构建了训练效果评测模型。樊云彩等[6]通过高强度间歇训练对花样游泳项目"难、新、美、齐、高、快、脆"特征，进行模拟仿真动作训练，并设计统计软件进行分项效果对比分析。张春合等[7]认为高水平运动队训练效益影响因素包括训练体系、保障

---

[1] 朱小毛，梁天，谢芳.基于运动承诺视角的长沙市大学生体育锻炼行为影响因素研究[J]. 山东体育科技，2020，42（5）：12-16.

[2] BISHOP D. An Applied research model for the sport sciences[J]. Sports Medicine, 2008, 38(3): 253-263.

[3] GREUNKE L, SADAGIC A. Taking immersive VR leap in training of landing signal officers[J]. IEEE Transactions on Visualization & Computer Graphics, 2016, 22(4): 1482-1491.

[4] RAO H, KHANNA R, ZIELINSKI D, et al. Sensorimotor Learning during a marksmanship task in immersive virtual reality[J]. Frontiers in Psychology, 2018, 9: 56-65.

[5] 张灵婕，邹志康，李浩，等.空军青少年航空学校学生改进抗荷体质训练效果评价[J]. 中国体育科技，2019，55（8）：30-37.

[6] 樊云彩，闫琪，李敏.4周高强度间歇训练对优秀花样游泳运动员专项运动能力提升效果的研究[J]. 中国体育科技，2019，55（9）：60-63+107.

[7] 张春合，刘兴.我国高校高水平运动队训练效益的影响因素[J]. 上海体育学院学报，2015，39（3）：56-61.

第7章 运动健身项目虚实融合训练效果影响因素及评价方法

体系、客观因素和训练主客体四个方面,利用结构方程构建了训练效益评估模型。郭秀文等[①]针对技巧类"高难美"女子运动员的竞技能力提升,对"高难美"运动员技、战术特征影响因素进行汇总,并搭建了二维项群分析框架。张忠等[②]设计了训练比赛满意感量表,对训练反馈数据进行了度量分析。

由于上述的层次分析方法是先列出各种影响因素,然后再根据多位专家意见确定各类影响因子权重,存在着一定的主观性;而另一分项效果对比分析方法又缺乏整体综合性评价意见,也都难免存在着不足之处。

考虑到虚实融合运动训练过程是一个"刺激-机体-反应"完整体验历程,涉及的影响因素包括多个方面。一些学者按照二维项群理论分析框架,通过收集运动参与者的数据,利用结构方程(SEM)建模方法,建立结构及测量方程。例如,陈善平等[③]的研究首次编制了体育锻炼效果自评量表,并且对锻炼效果自评量表进行信度和效度的检验,分析了大学生锻炼效果特征和性别差异。付道领[④]通过专家访谈、教师访谈、学生及学生家长访谈的方式,初步形成了初中生体育锻炼行为的分析框架,就心理因素、学校因素和家庭因素进行了问卷调查,并运用描述性统计分析和方差分析以考查初中生的锻炼行为及影响因素的现状,以及其锻炼行为在性别、年级和学校类型间的差异;运用结构方程模型多群组同时分析考查心理、学校和家庭各个因素之间的结构关系及对锻炼行为产生作用的机制。肖珊珊[⑤]运用文献资料法、问卷调查法、数理统计法等相

---

① 郭秀文,田麦久.难美项群女子运动员身体形态学分类及不同竞技能力发展模式研究:以体操、蹦床、跳水、艺术体操为例[J].中国体育科技,2014,50(1):29-42.

② 张忠.运动员训练比赛满意感与运动动机的关系:心理疲劳的中介作用[J].体育与科学,2015,36(6):91-96.

③ 陈善平等.大学生体育锻炼效果自评量表(EEI)的编制和信效度检验[J].北京体育大学学报,2008,10:1403-1406.

④ 付道领.初中生体育锻炼行为的影响因素及作用机制研究[D].重庆:西南大学,2012.

⑤ 肖珊珊.湖北地区青少年户外运动健身现状及健身效果的研究[D].武汉:武汉体育学院,2014.

融合的方法，针对青少年户外运动健身的情况和效果进行了相应的研究，在全面了解武汉市小、初、高中学生参与户外运动现状的基础上，对参与户外运动的青少年进行了形态机能、身体机能等相关测试，并分析了湖北地区户外运动对青少年身心发展的积极影响。

综上所述，本章拟通过筛选拟设结构模型，根据实测数据进行影响因子参数拟合，有望建立起一套稳定的竞技体育项目虚实融合训练效果多维度评测模型。

7.2 虚实融合训练效果评测模型与研究假设

7.2.1 虚实融合训练效果的影响因素选取

本章通过收集运动参与者的问卷数据，利用结构方程（SEM）建模方法，建立结构及测量方程，尝试从运动承诺的视角出发，试图探讨锻炼动机、训练内容和教学手段对运动承诺的影响，进而分析影响训练参与者运动效果的因素。

运动承诺参照了Scanlan[1]编制的运动承诺量表，共设计了6个相关题项。陈善平等[2]验证了运动承诺理论在大学体育锻炼情景下也是有效可行的。

锻炼动机又细分为内部动机和外部动机。内部动机的测量参照了Frederick和Ryan[3]1997年修订的"身体活动动机测量（MPAM-R）量表"。该量表由30个关于身体活动动机的变量构成，具体分为5类动机：乐趣动机（7题）、能力动机（7题）、外貌动机（6题）、健康动机（5题）和社交动机（5题）。外部动

---

[1] SCANLAN T, CARPENTER P, SCHMIDT G, et al. An introduction to the sport commitment model[J]. Journal of Sport and Exercise Psychology, 1993, 15: 1-15.

[2] 陈善平，李树茴. 大学生体育锻炼情景下运动承诺理论模型的检验[J] 北京体育大学学报，2006，26（5）：623-625.

[3] FREDERICK C M, RYAN R M. Differences in motivation for sport and exercise and their relations with participation and mental health[J]. Journal of Sport Behavior, 1993, 16(3): 124-146.

机的测量借鉴了陈善平[①]根据大学生实际情况编制的"锻炼外部动机量表",它测量了大学生为追求学业成就而锻炼的制度动机和顺从外部重要人物期望而锻炼的服从动机,是 MPAM-R 量表测量锻炼内部动机的补充,有助于全面测量和理解大学生体育锻炼动机。该量表一共7题,其中,制度动机4题,服从动机3题。我们这里将内部动机与外部动机归并为一项,共6题。

训练内容与教学手段:因为本章将线上线下融合训练界定为在传统线下运动健身的基础上,借助网络教学平台进行细节化的技能和动作的学习,或是借助 VR 与传感器等对运动健身提供智能响应和智能决策支持的训练。所以我们认为运动健身参与者参加的线上线下新颖训练内容与结合信息技术的线上教学手段会对训练效果有一定的影响,据此,参考赵国栋[②]"混合式学习满意度量表"与张忠等[③]"训练比赛满意感量表",提取训练内容5题与教学手段5题进行测试。

锻炼效果变量采用了陈善平[④]编制的"大学生锻炼效果自评量表",该量表共11题,共分为5个维度,测量了学生在乐趣、能力、外貌、健康、社交5个方面获得的体育锻炼效果体验,因为大学生对自己锻炼效果的评价是受他们参加的体育锻炼满足他们需要的程度影响的。

7.2.2 研究假设与分析

7.2.2.1 影响因素的测量模型

我们通过以上虚实融合训练效果的影响因素选取,将影响因素分为四个维度:运动承诺、锻炼动机、训练内容和教学手段,各个维度又包括一些具体的

---

① 陈善平,李咸生,容建中.大学生体育锻炼的内部动机和外部动机[J]中国体育科技,2008,44(4):135-138.

② 赵国栋,原帅.混合式学习的学生满意度及影响因素研究:以北京大学教学网为例[J].中国远程教育,2010,(6):32-38+79.

③ 张忠.运动员训练比赛满意感与运动动机的关系:心理疲劳的中介作用[J].体育与科学,2015,36(6):91-96.

④ 陈善平,潘秀刚,张平,等.大学生体育锻炼效果自评量表(EEI)的编制和信效度检验[J].北京体育大学学报,2008(10):1404-1406.

因素，具体如表7-1所示。因此，以运动承诺、锻炼动机、训练内容和教学手段为潜在变量，其各自包含的具体因素为测量变量，构成了影响因素的测量模型。

表7-1 影响因素构建量表

项目	测量内容
运动承诺	A1. 参加体育锻炼的决心
	A2. 渴望足够的时间参加体育锻炼
	A3. 渴望足够的机会参加体育锻炼
	A4. 是否希望有训练团队督促
	A5. 是否会做出一定程度的经济投入
锻炼动机	Q1. 为了身体素质变好
	Q2. 为了减轻学习／工作压力
	Q3. 为了让内心更加自信
	Q4. 为了让身心愉悦
	Q5. 为了提高学习／生活热情
	Q6. 为了拓宽交际圈
训练内容	B1. 虚实融合运动训练中平台／教练对训练课程内容设计合理
	B2. 虚实融合运动训练时平台／教练可以合理安排训练内容
	B3. 虚实融合运动训练时平台／教练有良好的训练课程研究能力
	B4. 虚实融合运动训练时平台／教练有良好的问题解答的驾驭能力
	B5. 虚实融合运动训练时平台／教练有良好的教学讲解示范能力
教学手段	C12. 虚实融合运动训练中平台／教练熟练运用教学媒体
	C13. 虚实融合运动训练中平台／教练经常制作多媒体课件
	C14. 虚实融合运动训练中平台／教练对课件内容常更新
	C15. 虚实融合运动训练中平台／教练有运用现代技术手段开展教学能力
	C16. 虚实融合运动训练中平台／教练有信息化教学能力

7.2.2.2 锻炼效果的测量模型

鉴于训练效果是通过问卷收集，参与者通过自己与他人的评价评测自己的锻炼效果，因此，以自我感知效果与他人评价效果2个维度作为测量变量，构成了锻炼效果的测量模型。

7.2.3 虚实融合训练效果的评测模型构建

根据文献资料分析及前期的研究，发现运动承诺、锻炼动机、训练内容和教学手段四个层面的因素会对训练效果产生一定的影响。同时充分考虑上述四个层面的影响因素之间可能存在的相互影响关系，构建了运动健身项目线上线下融合训练效果影响因素的结构模型，如图7-1所示。

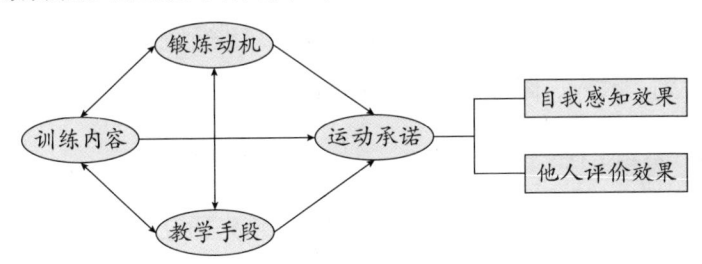

图7-1 运动健身线上线下融合训练影响因素结构方程理论模型

7.3 量表设计与数据采集

7.3.1 研究思路

根据SOR模型构建分析框架，为了进一步研究锻炼动机、训练内容、教学手段、运动承诺、自我评价效果和同学相互评价之间的关系，在上文提出的研究假设和概念模型的条件下，通过问卷调查的方法广泛收集用户对于虚实融合训练的想法，然后运用SPSS 25.0和AMOS 22.0对数据进行处理分析，最后得到锻炼动机、训练内容和教学手段对于运动承诺的影响系数和作用路径，以及运动承诺对于自我评价效果和同学相互评价的影响系数和作用路径，并验证假设的正确性。

7.3.2 问卷设计

本研究的问卷分为导语、主体测量题项和消费者背景信息三个部分。首先选取进行过虚实融合训练的用户，向其介绍本次调查的背景信息，再安排其填写问卷，以便于后面用户能更加准确地理解题项，提高问卷的有效性。

第一部分是问卷导语，导语部分对本次问卷调查的整体内容进行了简要的说明，解释了本次问卷调查的目的和用途等，消除问卷填写对象的顾虑，确保数据真实可靠。

第二部分是针对各个变量题项的调查问卷的填写，在国内外学者问卷设计的基础上，选取了比较成熟的量表和题项，在题项选择方面，选取了锻炼动机、训练内容和教学手段作为刺激变量的三个维度，开展这三个维度对运动承诺的影响研究。其次，进一步分析运动承诺对自我评价效果和同学相互评价的影响。

第三部分是对被调查者的各项锻炼背景信息进行统计，主要包括被调查者的年龄、性别、收入、健身频率等基本情况。

7.3.3 量表设计

本章创建调查问卷主要经历了五个阶段，首先通过历史文献的理论分析和相关文献搜集确定了虚实融合运动训练效果影响因素研究的几个主要维度；其次通过借鉴国内外成熟的量表初步编制与本研究相关的预测问卷的项目；紧接着通过与运动健身参与者的谈话来完善预测问卷项目的修订；然后对初始项目进行小范围试测，经过初步的统计分析形成预试问卷；最终通过对预试问卷的试测及对预试数据的项目分析、因素分析，综合考虑运动健身参与者填写问卷的时间，形成最后的正式问卷。

基于以上的文献回顾、研究假设以及概念模型等研究框架，通过对问卷的问项进行信效度测试，再用主成分分析法优化问卷题项，保证测量结果的信度与效度。借鉴国内外已有的成熟量表，采用 Likert 七级量表进行测量，要求被调查者在结束 VR 购物体验之后，按照自己的真实体验进行作答。1代表非常不同意，7代表非常同意，中间的2、3、4、5、6为过渡项，第三部分的背景信息一般采用单项选择方式。

该问卷最终得到6个潜变量31个问项。这些潜变量包括：锻炼动机、训练内容、教学手段、运动承诺、自我评价效果和同学相互评价。问卷的具体潜变量和问项如表7-2所示。

第7章 运动健身项目虚实融合训练效果影响因素及评价方法

表7-2 变量测量及题项

变量	编号	测量题项
锻炼动机	EM1	虚实融合运动训练可以让身体素质变好
	EM2	虚实融合运动训练可以减轻学习和工作压力
	EM3	虚实融合运动训练可以让内心更加自信
	EM4	虚实融合运动训练可以让身心愉悦
	EM5	虚实融合运动训练可以提高学习/生活热情
	EM6	虚实融合运动训练可以拓宽交际圈
训练内容	TC1	虚实融合运动训练中教练对训练课程内容设计合理
	TC2	虚实融合运动训练时教练可以合理安排训练内容
	TC3	虚实融合运动训练时教练有良好的训练课程研究能力
	TC4	虚实融合运动训练时教练有良好的问题解答的驾驭能力
	TC5	虚实融合运动训练时教练有良好的教学讲解示范能力
教学手段	TM1	虚实融合运动训练中教练熟练运用教学媒体
	TM2	虚实融合运动训练中教练经常制作多媒体课件
	TM3	虚实融合运动训练中教练对课件内容常更新
	TM4	虚实融合运动训练中教练有运用现代技术手段开展教学能力
	TM5	虚实融合运动训练中教练有信息化教学能力
运动承诺	SC1	如果让我放弃体育锻炼,我会难过
	SC2	我渴望有足够的时间参加体育锻炼
	SC3	我渴望有足够的机会参加体育锻炼
	SC4	我希望参加训练团队督促我进行体育训练
	SC5	为了继续参加体育锻炼我会做出一定程度的经济投入
自我评价效果	SE1	虚实融合运动训练提高了身体能力(协调力)
	SE2	虚实融合运动训练塑造了好的身体形态
	SE3	虚实融合运动训练使身体(免疫力)强壮了许多
	SE4	虚实融合运动训练使自己对身体更加自信
	SE5	虚实融合运动训练使自己对身体更加关注了
同学相互评价	PE1	虚实融合运动训练更能激发运动的兴趣
	PE2	虚实融合运动训练更能解答运动的困惑
	PE3	虚实融合运动训练因人而异,更适合学员学习运动
	PE4	虚实融合运动训练使运动目标能更科学的达到
	PE5	虚实融合运动训练下现代化的教学手段更加方便学习运动

7.4 实证结果分析与模型的检验

7.4.1 描述性统计与相关分析

本问卷设计先进行了小样本测试,收集了322份答卷,剔除答题时间太短、选项明显不合理等答卷后筛选出217份小样本。再通过剔除信效度不达标的题项完成了调查问卷设计。最后分地区在微信朋友圈、微博等社交平台大规模发放问卷,广泛邀请有过虚拟现实场景购物体验的消费者参与此次调查,共回收有效问卷578份。

本次调查问卷中包括了性别、年龄、月可支配收入等人口统计变量。数据来自不同人群,其中,男女比例分别为61.13%和38.87%;在年龄分布上,20岁以下占比16.87%,21~30岁占比17.77%,31~40岁占比14.95%,41~50岁占比18.11%,50岁以下的用户总占比为67.7%;在月可支配收入和健身频率的分布上主要集中在5 000~12 000元和2~3次两个区间,比例达到42.19%和35.05%。

7.4.2 验证性因子分析

本研究利用AMOS 22.0对收集到的问卷数据进行验证性因子分析(CFA)。本研究采用卡方(χ^2)、自由度(df)、卡方与自由度的比值χ^2/df、比较性拟合指标(CFI)、非标准拟合指标(TLI)、拟合度指标(GFI)、调整的拟合度指标(AGFI)和近似均方根误差(RMSEA)来衡量模型的拟合度。[①] 测量结果如表7-3所示,其中,χ^2越小越好,df越大越好,χ^2/df=2.921,大于1,小于3;CFI = >0.9,TLI = >0.9,GFI = >0.9,AGFI = >0.9,RMSEA = <0.08。由此可见,测量模型的拟合度良好。

[①] 温忠麟,侯杰泰,马什赫伯特.结构方程模型检验:拟合指数与卡方准则[J].心理学报,2004(2):186-194.

表7-3 验证性因子分析

适配指标	临界值	结果
CHI-SQR	越小越好	930.92
df	越大越好	324
CHI-SQR/DF	1＜CHI-SQR/DF＜3	2.851
CFI	＞0.9	0.947
TLI	＞0.9	0.962
GFI	＞0.9	0.951
AGFI	＞0.9	0.903
RMSEA	＜0.08	0.045

7.4.3 信度和效度检验

本实验调查问卷各变量的信度和效度均通过了检验，问卷的所有变量的Cronbach's α值在0.931~0.942之间，具有比较好的内部一致性信度，KMO值为0.883，说明各变量之间的偏相关程度是可以接受的，p值均小于0.05说明其相关程度是可以接受的，满足效度要求。

效度检验通常包括内容信效度和构建效度两个方面。本研究的测量题项主要来自国内外主流期刊上发表过的论文，并结合本研究的特点进行修改，保证了本研究量表的内容效度。通过利用AMOS 22.0对变量进行验证性因子分析，根据标准化因子载荷、组成信度值（CR）和平均方差萃取值（AVE）三个指标来检验模型的收敛效度。检验结果必须要满足以下几个条件才能通过检验：标准化因子载荷系数＞0.6，CR＞0.7，AVE＞0.5，由表7-4可知，上述的几个检验值均达到了标准值，说明模型整体收敛效度较好。

据表7-4可知，AVE值的平方根最小为0.872。各个变量的AVE值的平方根均大于变量间的相关系数，由此保证了各变量间的较高的区别效度，本研究数据的区别效度也通过了检验，上述已经从收敛效度和区别效度两个方面来检验构建效度，模型的构建效度也通过相应检验。

表7-4 测量变量的信度和效度检验

潜变量	标准化载荷范围	CR	AVE	AVE 的平方根	克朗巴哈系数
锻炼动机	0.851~0.911	0.950	0.760	0.872	0.937
训练内容	0.857~0.917	0.956	0.812	0.901	0.942
教学手段	0.849~0.902	0.948	0.786	0.887	0.932
运动承诺	0.856~0.916	0.954	0.805	0.897	0.941
自我评价效果	0.844~0.906	0.948	0.786	0.887	0.934
同学相互评价	0.847~0.912	0.946	0.779	0.883	0.931

7.4.4 模型的检验与分析

7.4.4.1 直接效应检验

本研究使用 AMOS 22.0 进行结构方程模型检验，验证性因子分析的结果表明本模型拟合度良好。第一，锻炼动机对运动承诺的标准化路径系数是0.304，并且显著。第二，训练内容对运动承诺的标准化路径系数是0.434，并且显著。第三，教学手段对运动承诺的标准化路径系数是0.386，并且显著。第四，运动承诺对自我评价效果的标准化路径系数是0.545，并且显著。第五，运动承诺对同学相互评价的标准化路径系数是0.423，并且显著。

表7-5 路径系数和假设结果检验

解释变量	被解释变量	标准化路径系数	标准误	T值	p值	结果
锻炼动机	运动承诺	0.304	0.039	4.922	***	支持
训练内容	运动承诺	0.434	0.045	5.208	***	支持
教学手段	运动承诺	0.386	0.046	5.989	***	支持
运动承诺	自我评价效果	0.545	0.034	5.765	***	支持
运动承诺	同学相互评价	0.423	0.038	0.455	***	支持

注：*** $p<0.001$。

7.4.4.2 中介效应检验

为进一步探究锻炼动机、训练内容和教学手段对运动承诺的影响机制，本研究将运动承诺作为中介变量，探究锻炼动机、训练内容和教学手段对自我评价效果和同学相互评价影响的理论模型。针对该模型采用了 Bootstrap 检验运动承诺的中介效应，重复抽样5 000次，置信区间为95%。根据偏差校正法（bias-corrected）和百分法（percentile）进行判断，若置信区间不包含零，则表示变量的中介效应显著。如表7-6，这两种方法置信区间均不包含0，表明运动承诺在锻炼动机、训练内容、教学手段与自我评价效果、同学相互评价之间存在部分中介效应。

表7-6 中介效应分析结果

中介路径	间接效应系数	双侧检验 p 值	95% 置信区间 下界	95% 置信区间 上界	中介效果
锻炼动机-运动承诺-自我评价效果	0.107	0.001	0.061	0.147	支持
训练内容-运动承诺-自我评价效果	0.097	0.001	0.056	0.149	支持
教学手段-运动承诺-自我评价效果	0.104	0.001	0.058	0.158	支持
锻炼动机-运动承诺-同学相互评价	0.120	0.001	0.034	0.134	支持
训练内容-运动承诺-同学相互评价	0.087	0.001	0.054	0.124	支持
教学手段-运动承诺-同学相互评价	0.123	0.001	0.057	0.145	支持

7.5 研究结论与建议

7.5.1 研究结论

7.5.1.1 锻炼动机、训练内容、教学手段对运动承诺的影响

个体参与虚实融合的健身项目一般有两个主要的原因：一方面是因为想要参与健身并且坚持健身；另一方面是因为必须参与并坚持健身。第一种原因反应的是个体在参与虚实融合的健身项目中得到了满足感和自我认同感，而第二种原因反应的是个体在参与虚实融合的健身项目中受到了来自外部因素的压力和强迫。运动承诺的存在是由于个体的自我知觉和自我选择性的存在。无论个体参与虚实融合的健身项目是出于上述两种原因中的任何一种，抑或者是两种原因并存，当个体有参与的欲望并且坚持虚实融合健身的时候，他们的运动承诺水平相对而言会更高。后续的自我选择很大程度上也受到了承诺水平的高低的影响，承诺水平的高低可以反映出个体从事某种活动投入程度的深浅。个体对某项活动产生参与的欲望时，就需要个体有由于匮乏状态而产生的内驱力和

由于内外部刺激引起的生理和心理的需要，这就是所谓的行为的动机。[①]

用户是否参与虚实融合的健身项目的重要影响因素还包括了训练内容和教学手段，同时这两个因素也是形成运动承诺的影响因素的一部分。本研究中用户所涉及的训练内容包括教练对课程内容的设计安排、教学的示范和问题的解答。教学手段则包括训练中涉及的教学媒体、课件、现代技术手段等。在对参与虚实融合健身项目的用户的调研中发现，用户更加关心教练对于课程内容的更新与讲解。

在模型假定的影响因素中，对于运动承诺来说，锻炼动机、训练内容和教学手段均表现出显著的正向影响（$p<0.01$）。分析结果表明构建的假设理论模型中的运动承诺的前因变量是成立的。从标准化路径系数的大小来看，训练内容是三个前因变量中影响最大的因素，锻炼动机的影响最小。这表明在运动健身项目虚实融合训练效果影响因素中，训练内容的作用比其他因素作用更大。

7.5.1.2 运动承诺与训练评价的关系

运动承诺是指个人执着于某一种活动或关系的意愿和在心理上对它的依恋。心理承诺被认为是描述忠诚度的态度结构组成之一，可以用来解释一个人行为的持续过程抑或是人际关系的持续和稳定状态，还可以用来预测实际的行为忠诚度。社会心理学家普遍支持承诺是帮助解释个人参与活动或行为坚持的原因，或为稳定性与坚持度的关系这一说法，Scanlan 等[②]将承诺这一概念引入体育运动领域时，是把它当作促进继续参与运动的一种心理动力来考量的。本书提到的运动承诺在之前的定义上又进一步拓展，将运动承诺视为参与虚实融合健身项目用户的渴望和决心继续进行虚实融合锻炼的一种心理状态。心理承诺是继续坚持行为的决定性因素，心理承诺的后果是实际的行为，如体育锻炼

---

① 邱芬，崔德刚，杨剑.基于运动承诺的大学生体育锻炼行为的影响因素研究[J].天津体育学院学报，2011，26（5）：384-389.

② SCANLAN T, CARPENTER P, SCHMIDT G, et al. An introduction to the sportcommitment model[J].Journal of Sport and Exercise Psychology, 1993, 15: 1-15.

的参与、坚持或退出等行为。心理承诺反映的是个人行为过程的坚持状态,其他领域也有类似的心理承诺研究结论,如组织承诺能预测离职意愿、工作流动等。基于现有研究结论可以推论,参与虚实融合锻炼的用户的承诺水平越高,其锻炼行为坚持情况就会越好,越不容易出现锻炼退出的情况。

本研究中将锻炼效果划分成了自我评价效果和同学相互评价两个方面。主要是从乐趣、能力、外貌、健康和社交五个方面测量个体认为自己所获得的锻炼效果[①]。研究结果显示,用户意识到体育锻炼的价值和作用、用户坚持健身项目的长期性二者之间呈现高度相关性,这一结果表明了用户自身对体育自身价值与作用的认识是影响他们参与或坚持虚实融合健身项目的重要影响因素之一。满足同一需要的途径是多种多样的,但是个体选择或不选择某一方式还是主要取决于这一选择所带来的满意度,这与驱力理论的观点是一致的。假设用户在某一次情绪低落或受挫的时候,进行一两次健身活动后感受到了健身给自己带来积极情绪的激发、心情放松、压力缓解的效果,在这种情况下就会促使他继续参与虚实融合的健身项目,以求继续获得相应的效果。长此以往,用户开始逐渐掌握了运动技术,提高了身体素质,改善了健康水平,获得了友谊,体育锻炼的价值和作用得到了肯定,锻炼效果得到充分的体现,在这个时候他就不会放弃体育锻炼,运动承诺水平也得到了相应的提高。因此,在用户进行虚实融合的健身项目时,锻炼动机是处于首要位置的;在锻炼行为的坚持阶段,如何提高锻炼行为的效果、改善个体对锻炼效果的评价,才是提高运动承诺、促进锻炼坚持的重要途径。在虚实融合的健身项目中,帮助用户认识和体验虚实融合的健身项目的乐趣和好处,有利于提高用户的运动承诺水平,形成良好的锻炼习惯。

7.5.2 管理启示

通过本章的分析可以得知:用户选择参与并坚持虚实融合的健身项目很大

[①] 陈善平,潘秀刚,张平,等.大学生体育锻炼效果自评量表(EEI)的编制和信效度检验 [J].北京体育大学学报,2008(10):1404-1406.

程度上受到了他们对于锻炼的心理承诺程度的影响，运动承诺则是由于锻炼动机的激发、良好的锻炼效果评价而产生的，锻炼条件辅助吸引和促进了用户参与虚实融合的健身项目，帮助用户运动承诺的形成。虚实融合健身用户的锻炼动机越强，他们的运动承诺水平越高；当用户意识到训练内容的价值时，其运动承诺水平也会相应地提高。改善教学手段和提升训练内容的质量会让更多的用户加入虚实融合的健身项目中来。在一定程度内，用户参与虚实融合健身项目用户的心理承诺水平越高，参加虚实融合训练的频率越高、锻炼的时长越长、每次的运动运动量越大，参与用户的运动承诺水平越高；要想促进用户坚持虚实融合的健身项目，需要先提高用户对于虚实融合健身项目的心理依恋，即运动承诺。因此，在进行虚实融合健身项目的宣传和推广的过程中，要注重激发用户体育锻炼的动机，培养体育爱好，向用户传达相关的健身知识，培养能力，发挥虚实融合健身项目在娱乐方面的功能，要让用户认识和体验到虚实融合健身在健身锻炼效果和身心愉悦等方面的好处，提升用户参与虚实融合健身的心理依恋性，有利于让用户形成坚持健身训练的良好习惯。

7.5.3 研究的不足与展望

本次问卷调查的抽样地域比较单一，没有进行广泛取样，使得获取样本的代表性受到一定的限制。未来的研究可以拓宽研究区域，增加样本数量的同时提升样本的质量。并且，本次的调查中年龄在50岁以上的人群占被调查人群的32.3%，有较大的比重。在实际生活当中，虚实融合的健身项目的普及还没有如此完善，未来可以对年龄进行细分，探究不同年龄段的用户对于虚实融合健身的态度，让研究调查更加深入。

综上所述，虚实融合的健身项目在未来将会越来越普遍，虚实融合的健身项目增加了健身活动的乐趣，因此应当大力宣传，并且鼓励广大的用户积极参与进来，提高大家对虚实融合锻炼的了解程度，推动群众科学运动方案的实行，促进我国健身运动的发展。

第8章 体育运动中的虚拟现实系统概念模型

8.1 体育运动中的虚拟现实的定义

当虚拟现实应用于体育运动时，可以将其定义为：当个人参与一项运动时，该运动在计算机模拟的环境中呈现，旨在诱导一种精神上或身体上的存在感，并使其能够与环境进行交互。这一定义强调了虚拟环境的计算机模拟性质和交互性，这是一般性的虚拟现实定义的关键元素。

在体育领域之外的很多应用中，虚拟环境是通过计算机自动虚拟环境（CAVE）系统或头戴式显示器（HMD）来呈现的。CAVE 由一个由显示屏组成的大型立方体组成，用户可以通过物理方式进入这个立方体，然后被虚拟环境所包围。头戴式显示器（HMD）是一种可穿戴设备，它能覆盖用户的眼睛，从而屏蔽外界的视觉。它有一个或多个小屏幕，使用者可以通过该装置用大视场立体视觉观看三维虚拟空间。头戴式显示器和头部追踪功能结合在一起，用户转动头部便可以查看即时视野之外的虚拟场景。例如，Plante 等[1] 采用可视显示器来展示现实环境。Feltz 等[2] 开展了一系列的研究，以探讨支撑式锻炼对科勒动机的影响。通过录像，即非电脑产生的虚拟形象，以及在没有任何互动的情况下，将第二个人显示在第二可视显示器上。在现实场景和真人录像中，

---

[1] PLANTE T G, CAGE C, CLEMENTS S, et al. Psychological benefits of exercise paired with virtual reality: Outdoor exercise energizes whereas indoor virtual exercise relaxes[J]. International Journal of Stress Management, 2006, 13(1): 108.

[2] FELTZ D L, KERR N L, IRWIN B C. Buddy up: the Köhler effect Applied to health games[J]. Journal of Sport and Exercise Psychology, 2011, 33(4): 506-526.

有很大的潜力可以把虚拟现实运用到运动中，但是他们必须包含交互元素。而在一些案例中，研究人员在空白屏幕上使用非动画化身[1]，但是并没有模拟现实的环境；以及其他一些研究者，利用计算机生成的虚拟环境来检验棒球[2]、手球守门员[3]和足球守门员[4]，但这些都不允许与任何环境进行交互，本研究则侧重于交互式虚拟现实技术在体育运动中的应用。

这一定义也从用户（运动员）的角度出发，突出 VR 在运动中的应用。当系统诱导出一种临场感以及事件正在实际发生的感觉时，建议对虚拟环境做出真实的响应。在这方面，VR 使用计算机生成的环境很重要，因为这是使交互和临场感知成为可能的关键功能。换句话说，虚拟环境或其中的元素会随着运动员的动作而移动或改变。

将交互式虚拟现实应用于运动，我们需考虑运动、锻炼和健身游戏之间的区别。运动是一项要求有动作技巧、手眼协调与体力消耗相结合的运动，其中包含了比赛的规则和元素。锻炼与体育运动同义，是一种结构化活动，可以是重复的活动，以维持或改善身体的健康。健身游戏是一种将游戏性与身体运动相结合的电子游戏，可以在 Xbox、Wii 和 PlayStation 等商用游戏平台上进行。锻炼与健身游戏共同代表了增强体力活动的更一般情况，但不一定是以运动为基础。

非基于运动的锻炼或运动式游戏比赛并不能将虚拟现实应用到体育运动

---

[1] BRIKI W, DEN HARTIGH R J R, MARKMAN K D, et al. How psychological momentum changes in athletes during a sport competition[J]. Psychology of Sport and Exercise, 2013, 14(3): 389-396.

[2] RANGANATHAN R, CARLTON L G. Perception-action coupling and anticipatory performance in baseball batting[J]. Journal of motor behavior, 2007, 39(5): 369-380.

[3] VIGNAIS N, KULPA R, BRAULT S, et al. Which technology to investigate visual perception in sport: Video vs. virtual reality[J]. Human movement science, 2015, 39: 12-26.

[4] STINSON C, BOWMAN D A. Feasibility of training athletes for high-pressure situations using virtual reality[J]. IEEE transactions on visualization and computer graphics, 2014, 20(4): 606-615.

中，即便它们包括了一个虚拟的场景。但是，研究者们将与体育运动相关的计算机游戏应用到了这项研究中，Reynolds 等[1]在测试儿童和成人的技能获得和转移中，使用了以运动为基础的控制台游戏。但是，这些应用程序缺少合适的表现接口（比如，用户现场跑步以模拟游戏中的奔跑），或者需要的体育器材（比如，在投掷比赛中没有使用标枪），这些都会使得这项游戏和真实的体育活动截然不同。同时，虚拟现实技术也在运动和改善体质方面得到了广泛的应用。Murray 等[2]采用了一些与运动有关的活动，如自行车、跑步和划船，这些应用涉及运动绩效，特别是引入竞争因素或者压力以达到团体目标。

8.2 虚拟现实应用于体育运动的概念框架

虚拟现实技术在运动中的应用有多种形式，现有研究中使用了各种类型的运动任务、虚拟现实技术和运动员类型。一些研究人员研究了与虚拟现实技术本身使用有关的问题，例如，比较使用虚拟现实和不使用虚拟现实的结果[3][4]，沉浸在虚拟环境中的影响[5]，以及计算机控制和真实虚拟竞争对手之间的

---

[1] REYNOLDS J E, THORNTON A L, LAY B S, et al. Does movement proficiency impact on exergaming performance?[J]. Human movement science, 2014, 34: 1-11.

[2] MURRAY E G, NEUMANN D L, MOFFITT R L, et al. The effects of the presence of others during a rowing exercise in a virtual reality environment[J]. Psychology of Sport and Exercise, 2016, 22: 328-336.

[3] LEGRAND F D, JOLY P M, BERTUCCI W M, et al. Interactive-virtual reality (IVR) exercise: An examination of in-task and pre-to-post exercise affective changes[J]. Journal of Applied Sport Psychology, 2011, 23(1): 65-75.

[4] MESTRE D R, EWALD M, MAIANO C. Virtual reality and exercise: behavioral and psychological effects of visual feedback[J]. Annual Review of Cybertherapy and Telemedicine 2011, 2011: 122-127.

[5] VOGT T, HERPERS R, SCHERFGEN D, et al. Neuroelectric adaptations to cognitive processing in virtual environments: An exercise-related Approach[J]. Experimental brain research, 2015, 233(4): 1321-1329.

差异[1]。也有其他研究人员使用虚拟现实技术作为一种方法的一部分，来回答有关运动表现相关因素的更一般性问题。例如，Oliveira等[2]使用虚拟搭档作为一种手段来比较自我选择和外部施加的运动强度的影响。

　　本章在此基础上，总结并提出了一个将交互式虚拟现实应用于体育运动的概念模型，如图8-1所示。虚拟现实系统会产生与虚拟现实运动任务同时发生或在参与虚拟现实运动任务后发生的结果。虚拟现实系统由虚拟现实环境、运动任务、用户（运动员）和非虚拟现实环境四部分组成。虚拟现实技术在体育运动中的应用研究主要集中在前三个方面。虚拟现实环境是虚拟现实应用于体育运动的独特组成部分，也是大多数研究的重点。第二个组成部分，即所使用的运动任务，将根据具体应用而有所不同，并且在耐力型运动或技能型运动之间也有所差异。第三部分与运动员的特点有关，如技能水平和竞争力。运动员的特点可以独立发挥作用，也可以与虚拟现实系统的其他元素相互作用，从而影响结果。第四部分包括运动员完成任务的真实环境的各个方面。环境温度、湿度和时间是可能存在并影响结果的相关因素。最后，虚拟现实系统的所有四个元素都将在执行运动任务时产生持续出现的结果（并发结果），这些结果也可能在执行任务稍后出现（任务后结果）。任务后结果可能是短期的，也可能是长期的。

　　虚拟现实旨在模拟真实环境，虚拟现实系统的四个组成部分与应用于运动和锻炼心理学的其他模型具有相同的元素。例如，Tenenbaum 和 Hutchinson[3]

---

[1] SNYDER A L, ANDERSON-HANLEY C, ARCIERO P J. Virtual and live social facilitation while exergaming: Competitiveness moderates exercise intensity[J]. Journal of Sport and Exercise Psychology, 2012, 34(2): 252-259.

[2] OLIVEIRA B R R, DESLANDES A C, NAKAMURA F Y, et al. Self-selected or imposed exercise? A different Approach for affective comparisons[J]. Journal of sports sciences, 2015, 33(8): 777-785.

[3] TENENBAUM G, HUTCHINSON J C. A social-cognitive perspective of perceived and sustained effort[J]. Handbook of sport psychology, 2007: 560-577.

提出，感知的努力和努力容忍度由个体（如性格、任务熟悉度、人口统计学特征）、任务（如强度、持续时间）和给定情况下的环境条件（如社会、身体特征）来决定。这些条件类似于虚拟现实系统的三个非虚拟现实组成部分。目前，关于虚拟现实在运动中应用的研究尚未检验非虚拟环境对运动表现的影响。相反，研究重点多集中在与虚拟环境相关的变量上，如沉浸感、存在感和与其他虚拟角色的互动性。

图8-1　体育运动中的虚拟现实系统概念模型图

8.3　虚拟现实系统

8.3.1　虚拟现实环境和运动任务

对于虚拟现实系统的前两个部分，即虚拟现实环境和运动任务，通常可以把它们放在一起考虑，因为是紧密联系在一起的。例如，赛艇运动员可以使用赛艇测力计完成计时赛。然而，测力计仅仅是施力界面，它被转换成一艘虚拟船，这样，对测力计手柄的拉动被表示成虚拟桨在水中的运动。增加对任务的投入（例如，以更高强度的虚拟现实划船）将反映在虚拟环境的变化中（例如，更快地在水中移动和路过的风景）。因此，与运动任务相关的表现和其他因素将影响虚拟环境，并且这种关系可以是相互影响的。

虚拟现实环境和运动任务的多个特征都会影响运动的结果。Neumann[①]总

---

① NEUMANN D L, MOFFITT R L, THOMAS P R, et al. A systematic review of the Application of interactive virtual reality to sport[J]. Virtual Reality, 2018, 22(3): 183-198.

结用于创建虚拟现实环境和运动任务的方法后得出，最常见的运动任务是自行车和跑步，其次有划船、举重和高尔夫。自行车、跑步和划船是包含耐力和毅力元素的运动，这些运动也相对容易转化为虚拟环境。跑步机或测力计的施力界面可以很容易地监测与速度和其他性能元素（如步频）有关的信息，并将这些信息转换为虚拟运动。把方向控制包含在内，可以进一步增强交互性。

事实上，虚拟现实软件和显示设备的使用从商用产品到定制产品各不相同。虚拟环境通常显示在计算机屏幕上或投影在墙上。更大的显示器或包含模式更多的环境因素，将增加虚拟世界中的沉浸感，在运动任务中使用更沉浸式的虚拟环境可以提高参与者的积极性。在 Nunes 等人[1] 的研究中，当使用虚拟跑步任务时，有超过三分之一的参与者表示，虚拟现实环境引起的沉浸感是一个重要的激励特征。VR 系统诱导的沉浸程度与结果的幅值大小之间可能存在剂量依赖关系。

虚拟环境中其他人的存在也已成为虚拟现实环境的一个重要特征，其他人的存在会影响运动任务的动机和表现，甚至比虚拟现实系统诱导沉浸感或存在感的能力更重要。在一项调查研究中，Lee 等[2] 对虚拟环境中的高尔夫运动进行了研究，区分了两种存在：临场感或身体沉浸在虚拟环境中，以及社会存在中的感觉或在虚拟环境中与他人相处和交流的感觉。社交存在在感知享受、感知价值和行为意图方面比临场感更重要。而且与社交存在不同，远程呈现并不能显著预测这些结果。在一些运动任务中，参与者更喜欢在其他虚拟角色在场

---

[1] NUNES M, NEDEL L, ROESLER V. Motivating people to perform better in exergames: Competition in virtual environments[C]//.Proceedings of the 29th annual ACM symposium on Applied computing, 2014: 970-975.

[2] LEE H G, CHUNG S, LEE W H. Presence in virtual golf simulators: The effects of presence on perceived enjoyment, perceived value, and behavioral intention[J]. New media & society, 2013, 15(6): 930-946.

的情况下运动,而不是单独在虚拟课程上运动。Irwin 等[1]研究了参与者在虚拟环境中骑行时的科勒动机获得效应。不同组别的参与者在虚拟环境中独自骑行时完成了测试,或与另一个人(同盟者)同时完成测试,参与者被告知该人的表现略好于他们在基准测试中的表现。共同骑行与单独骑行相比,共同活动情景下的任务持续性更高。此外,在共同活动的情景中观察到持续性的进一步增强,这表明在团队情景中进行基于虚拟现实的运动时会获得动机收益。通过 Kohler 动机增益效应发现,参与者在有队友在场的情况下比单独在虚拟现实环境中运动效益更好。

在没有负面心理成本的情况下,虚拟搭档可以诱导绩效改善。虚拟环境中其他人的存在可以更直接地诱导在竞争环境中表现的压力。竞争力是对虚拟现实反应的一个重要调节因素。有学者在研究中比较了参与者在虚拟现实环境中骑行时的两种竞争情况。在虚拟条件下,参与者被告知另一名骑手的化身由计算机控制。在真实骑手状态下,参与者被介绍给一个队友,并被告知化身速度由队友的骑行速度控制。研究人员对车手的骑行表现以瓦特为单位进行测量,发现在真实骑行条件下的表现要高于虚拟骑行条件下的表现。这种差异只出现在竞争力较高的骑手身上。对于竞争力较低的参与者,其骑行表现在不同骑行条件之间没有差异。竞争环境可以在虚拟环境中以各种方式构建。其构建方式大致可以根据以下三种情况来确定:一是参与者是否与自己竞争(即之前的表现),二是是否与为其选择的更优个体竞争,三是是否与参与者选择的任何个体竞争。与单独在虚拟课程上跑步相比,使用虚拟现实跑步任务,所有类型的竞争环境都会增强体力消耗(以心率测量为依据)和自我报告的动机,对竞争环境有更强偏好的参与者具有最好的任务表现。

---

[1] IRWIN B C, SCORNIAENCHI J, KERR N L, et al. Aerobic exercise is promoted when individual performance affects the group: A test of the Kohler motivation gain effect[J]. Annals of Behavioral Medicine, 2012, 44(2): 151-159.

8.3.2 用户（运动员）

虚拟现实系统的第三个组成部分是从事虚拟运动的运动员。运动员用户的特征有可能调节或缓和虚拟现实对运动表现和心理结果的影响。运动员用户因素包括身体特征、专业知识和经验以及心理特征。目前为止，虚拟现实体育运动的受试者是比较一致的，参与者主要是那些刚开始参加这项运动的西方国家的年轻人，他们是这项运动的新手。使用新手的有利性体现在，这样可以获得更具生理等效性的样本，并且他们的表现不太可能受到先前学习的影响。

有记录表明，不同性别在运动表现上存在差异，而且在使用计算机环境（如电脑游戏）方面也存在差异。Plante 等[1]在研究虚拟现实对骑行期间情绪的影响时，将性别作为一个因素。与男性相比，女性单独体验 VR（不骑自行车）或单独骑自行车和在 VR 条件下骑自行车之间报告的松弛度差异较大。研究者也使用了自行车任务，并报告了能量评级的性别差异。与不涉及 VR 或骑自行车的基线对照条件相比，男性在单独骑自行车、与 VR 一起骑自行车或单独体验 VR 时的能量更高。相比之下，女性在单独骑行或使用 VR 骑行时比在不骑行或基准条件下使用 VR 骑行时能量更大。这些迹象表明，女性可能比男性更容易受到虚拟现实环境的影响。

个体用户的偏好可能是调节结果的重要心理因素。Legrand 等[2]将参与者分配到单独的自行车任务（无虚拟现实输入）、自行选择的虚拟现实任务（慢跑或骑自行车）或外部施加的虚拟现实任务（慢跑或骑自行车）之中。通过任务前和任务后主观测量评估，发现无论是哪一种条件下，积极影响都增加了，而消极影响都减少了。任务内主观测量结果显示，与单独骑车或外部施加的虚拟现实任务相比，自选虚拟现实任务的参与者拥有更高的愉悦感，这两种任务

---

[1] PLANTE T G, ALDRIDGE A, BOGDEN R, et al. Might virtual reality promote the mood benefits of exercise?[J]. Computers in Human Behavior, 2003, 19(4): 495-509.

[2] LEGRAND F D, JOLY P M, BERTUCCI W M, et al. Interactive-virtual reality (IVR) exercise: An examination of in-task and pre-to-post exercise affective changes[J]. Journal of Applied Sport Psychology, 2011, 23(1): 65-75.

本身没有差异。因此，当使用虚拟现实时，自主性或个人与首选运动的适当匹配可能对情绪益处很重要。如上所述，个人对任务强度的偏好可能是另一个因素，因为使用虚拟现实技术可以减少在外部施加的强度下执行任务的负面影响。

8.3.3 非VR环境

虚拟现实系统的第四个组成部分，即真实世界环境，目前在学术界并未受到重视。Tenenbaum 等[①] 曾指出，环境可以分为物理和社会两部分，这里我们同样可以做出类似的区分。特别需要指出的是，根据研究表明，虚拟环境中其他人的存在会影响表现和心理状态，可以预计，真实环境中其他人的存在也会产生影响。需要进一步研究，以检查环境因素的影响，并确定这些因素在实际存在时与虚拟存在时的相对强度。

8.4 总结和展望

虚拟现实作为体育训练和参与体育运动的一个辅助工具，具有非常广阔的前景。基于虚拟现实的体育训练系统具有多个优势，例如，使运动员能够在任何天气条件下进行训练，提供在不同地理位置与其他人竞争的手段，以及允许对虚拟环境的特征进行精确和可复制的控制。

本章提出了一个适用于体育运动以及和运动相关的体育锻炼的交互式虚拟现实模型，阐述了虚拟现实系统组成部分、当前结果和任务后结果之间的关系。概念框架表明，个人用户和系统的特征是影响一系列表现、生理和心理结果的重要因素。通过了解个人在虚拟现实环境中参与运动的体验，研究人员、教练和运动员将能够使用该技术，造福于运动员和整个社会。

目前为止的研究大都集中在涉及有氧运动（自行车、跑步和划船）的虚拟现实任务上，未来我们需要对虚拟现实环境的有效性进行更多探讨，以学习或

---

① TENENBAUM G, HUTCHINSON J C. A social-cognitive perspective of perceived and sustained effort[J]. Handbook of sport psychology, 2007: 560-577.

改善基于技能的运动中技能获取和表现的机制,主要分为以下几个研究方向。

（1）VR效果的普遍性。未来需要研究虚拟现实的效果的普遍性。研究应包括更多不同的人群,尤其是经验丰富的精英运动员、儿童和老年人。此外,应进一步考察虚拟现实和真实环境中的运动表现之间的关系。识别这两种情况之间的异同,有助于了解虚拟现实如何影响运动表现和心理状态。此外,还需要检验从虚拟环境转换到真实世界的运动表现,这是将虚拟现实用作运动训练方法必不可少的环节。

（2）直接操纵心理过程。针对直接操纵心理过程,进行进一步研究。虚拟现实环境会导致分离性注意力集中,这与情感反应有关。有研究表明尽管用户在感知劳累或感觉状态方面没有差异,虚拟现实条件下的愉悦度仍高于自我专注条件下的愉悦度,我们可以对这一发现进行扩展。过去对非虚拟现实任务的研究也发现,外部关联焦点可以提高运动和锻炼效果。外部关联焦点包括关注运动对环境的影响和任务目标的实现。因此,未来的研究可以使用虚拟现实来诱导外部关联焦点,并检验其在提高运动表现方面的有效性。

（3）影响运动表现和情感结果的因素。未来需要进一步研究并阐明哪些因素与运动表现和情感结果相关。使用多种测量或操作手段进行研究,来确定归因于虚拟现实环境不同方面性能差异的相对数量。此外,运动任务的不同特点也应该有所不同。例如,强度可能是有氧运动的一个特别显著的因素。更高的强度水平可能会将注意力转移到内部生理状态,并导致个体将注意力从虚拟现实环境中转移开来。例如,通过要求参与者跟随虚拟伙伴,可以增强对虚拟环境的注意力。

第9章 虚拟现实在体育训练中的应用

9.1 虚拟现实提升篮球运动中的决策技能

在许多要求入侵对方场地才能得分的团队运动中,有效地处理周围信息以在给定情况下选择最合适的动作,对于运动员来说也同样重要。因此,训练和培养决策能力是所有健全培训计划中不可或缺的一部分。作为身体训练的一种替代手段,研究人员利用视频模拟,回放他们以前的比赛或专业运动员的比赛,让运动员学会识别相关的视觉线索或特定的比赛模式,并在现实中面临类似情况时,使用这些知识选择最合适的动作。在体育领域,最近的研究表明,在实验室评估表现时,虚拟现实能有效地提高各种技能[1][2]。在典型的实验中,运动员会看到专业级别的比赛视频剪辑(通过电脑/电视,或者投影在墙上),让他们间接地沉浸在比赛中,实验人员在不同时刻停止和遮挡视频,并要求运动员假设他们正在比赛的情况下,确认他们下一步采取的动作。通过学习和反馈,运动员通常会在实验室中改进并学习选择最佳动作。"虚拟现实"是一种基于视觉的真实或虚拟环境的计算机模拟,观众可以在其中与模拟进行交互,它可以增加视频模拟的视觉对应性,并为观众提供增强的沉浸感。与计算机屏幕相比,使用虚拟现实技术进行训练将提高可转移性和泛化性。

---

[1] CORTES N, BLOUNTE, RINGLEB S, et al..Soccer-specific video simulation for improving movement assessment[J].Sports Biomechanics, 2011, 10(1): 22-34.

[2] MILES H C, POP S R, WATTS J, et al.. A review of virtualenvironments for training in ballsports [J].Computers & Graphics, 2012, 36(6): 714-726.

9.1.1 研究方法

加拿大舍布鲁克大学和主教大学的研究人员使用视频模拟和虚拟现实技术来提高运动员在篮球运动中的决策能力。[①] 这项研究共招募16~26岁之间的篮球运动员27名（男性21名，女性6名），并将他们随机分为3组，分别为虚拟现实（VR）、计算机屏幕（CS）和控制（CTRL）组。所有的实验均在7d内进行。在第1天进行了场上预测试，在第2天到第6天之间安排了4次训练，最后，在第7天进行了场上后测。在球场预测试后的1周内，VR、CS 和 CTRL 组的参与者参加了4次场外培训课程。在训练期间，分别给 VR 组和 CS 小组的参与者观察了定制视频，从第一人称的角度来看，9名演员（其中，4名扮演"队友"的角色，5名扮演"对手"）表演两个不同类型的预定变体。

VR 组使用 Utopia 360头戴式显示器（HMD）观看虚拟现实视频，同时使用台式电脑为 CS 和 CTRL 组播放演示视频。VR 组和 CS 组的实验程序是相同的。在每一个训练阶段，VR 和 CS 组的运动员分别观看了50个视频片段，每周总共观看200个视频片段。在每段视频结束时，运动员被要求在限定时间内口头回答以下问题："你会采取什么行动来帮助你的球队成功得分？"为了评判运动员决策的准确性，研究人员创建了一个三分评分系统去评估参与者的决策准确性。在球场前测试之后的1周内，CTRL 组的运动员4次来到实验室，并通过电脑屏幕观看一段时长15 min 的大学级别的篮球比赛视频。这一时间与 VR 组和 CS 组的训练时间相似。

为了评估视频及虚拟现实培训课程产生的决策收益的可转移性，所有运动员都被邀请进行两次实地球场测试。在每场比赛结束时，参与者被要求移动到球场上最有助于他们的球队得分的位置，这一决策也是要求在特定的时间内完成。同时通过两种类型的比赛去评估决策收益的普遍性，这两类比赛在前测和后测中随机分布，但所有运动员比赛的顺序相同。运动员的决策准确性得分的

[①] PAGÉ C, BERNIER P M, TREMPE M. Using video simulations and virtual reality to improve decision-making skills in basketball[J]. Journal of sports sciences, 2019, 37(21): 2403-2410.

计算方法与训练期间相同。

9.1.2 实验结果

为了评估训练课程是否让 VR 组和 CS 组的运动员提高他们在实验室中的决策技能，使用2组×4个课程的方差分析对参与者在每个训练课程中的得分进行比较，并对第二个因素进行重复测量。为了评估训练是否会导致任何场上转移收益，使用前测和后测的决策准确性分数计算了3组×2个测试×2种类型的比赛的方差分析，也对最后两个因素进行了重复测量，最终所有显著效应均报告为 $p<0.05$。

对于经过训练的比赛，方差分析显示组的显著主效应，$F(2,24)=7.26$，$p=0.003$，$\eta2p=0.37$，测试的主效应显著，在预测试中，各组之间的事后比较没有显著差异（$p=1$, ds=0.01）。在后测中，VR 和 CS 组的参与者显著优于 CTRL 组（平均决策准确性分数分别为79.0%、73.2%和57.5%；$p\leqslant0.001$；ds>2.35）。VR 组和 CS 组之间无显著差异（$p=0.19$；ds=0.95）。

对于未经训练的比赛，方差分析显示，$F(2,24)=1.97$，$p=0.16$，$\eta2p=0.14$，没有显著的主效应。事后比较显示，各组在前测中没有显著差异（$p>0.9$；ds<0.41）。在后测中，VR 组的运动员显著优于 CS 组和 CTRL 组（平均决策准确性分数分别为78.9%、60.9%和60.2%；$p\leqslant0.002$；ds>1.69）。然而，在 CTRL 组和 CS 组之间没有发现显著差异（$p=1$；ds=0.01）。

9.1.3 结　论

此项研究的数据分析结果表明，使用计算机屏幕的呈现模式会产生可转移但非广义的增益，而使用虚拟现实呈现同样的视频则会产生可转移和广义的增益。这一结果证明了视频模拟在提高运动员场上决策技能方面的有效性。

此外，面对同样的训练视频，虚拟现实演示模式比电脑屏幕模式对于运动员在球场上的表现有更好的改善效果，即虚拟现实能够带来决策收益。因为虚拟现实头盔中的视频看起来更接近真实篮球场上的感知，因此更具沉浸感。同时虚拟现实条件下，视频是使用响应头部运动的头盔显示器呈现的，参与者获得了更多的视觉流感知。这两个因素共同提高了刺激反应的运动特异性。开创性的研究表明，在体育运动中，决策依赖于在动作（例如对手的动作）中获得的感官信息与储存在长期记忆中的现有知识（例如，已知的游戏模式）[①]的整合。因此，专业知识是表征一个人在行动过程中获得相关感官信息的能力的函数，也是描述一个人先验知识的范围的函数。由于开发的知识是特定于游戏的，而虚拟现实条件提高了参与者搜索和获取相关视觉信息的能力，导致他们隐式地改善了获取视觉信息的方式。

研究的结果证明了使用视频模拟来提高运动员决策技能的有效性，并证实了这种训练模式作为体育实践的补充的价值。此外，通过虚拟现实仿真获得的较高的增益与该技术增强的可访问性相结合，使其成为进一步优化运动员发展的极具吸引力的策略。

9.2　虚拟现实训练改善空手道运动员的反应行为

虚拟现实（VR）可以成为体育运动中分析或改善运动员动作和表现的合适工具。由于标准化的条件和操作在现实中难以实现，虚拟现实技术可以创建真实的场景来改善运动表现。此外，虚拟现实条件下，运动员之间没有身体碰撞，因此可以提供更安全的学习条件。Bideau 等人[②]研究证明，虚拟现实可以提供接近实际的运动模式，因此它可以用于体育训练和研究。从身体的角度看，适当的反应行为是空手道搏击比赛成功的一个关键因素[③]。德国研究人员通过

[①] MARTENIUK R G. Cognitive information processes in motor short-termmemory and movement production[M]//GANTCHEV G N, et al. Motor control. NewYork: Academic Press, 1976.

[②] BIDEAU B, KULPA R, MENARDAIS S, et al. Real handball goalkeeper vs. virtual handball thrower[J]. Presence, 2003, 12(4): 411-421.

[③] LOTURCO I, FRANCHINI E, CAL ABAD C C, et al., 2015. Acomparative study of specific reaction time in elite boxers: differences between jabs and crosses[J].Journal of Athletic Enhancement, 2015, 4(3): 1-4.

沉浸式虚拟现实的运动反应训练来改善青年空手道运动员的反应行为。视觉反馈是武术中最重要的信息，他们在虚拟现实中创建了一个没有听觉或触觉刺激的虚拟攻击者，通过虚拟角色的攻击来改善年轻空手道运动员的反应行为。

9.2.1　实验过程

研究人员首先通过 Vicon tracker 动作捕捉系统对5名男性空手道黑带级别的运动员的动作进行捕捉记录，并用这些动作来驱动虚拟人物。随后由32名不同级别的空手道运动员填写相应的反馈问卷后进行相应的评价，最终才将虚拟人物确定下来。他们邀请了15名至少具有5年经验的青少年空手道运动员（年龄介于13岁到17岁）参加虚拟现实训练，并将他们随机分为 A 组和 B 组。此外，还分析了另一组年龄匹配的14名（$n=14$）青年非空手道运动员，将维也纳测试系统的反应测试测得的所有非特异性参数（反应时间和运动反应时间）与空手道运动员在 PRE1测试测得的参数进行比较。

研究采用了交叉设计，分两个干预阶段进行。A 组（$n=8$）在第一阶段为干预组，在第二阶段为对照组。B 组（$n=7$）是第一阶段的控制组和第二阶段的干预组。干预组在常规训练的过程中进行了 VR 训练，而对照组只接受常规训练。每个阶段持续8周（第1周预测试，第2~7周干预，第8周后测试）。6周的干预训练包含了10次10~15 min 的训练课程。在训练期间，运动员们戴着 Oculus Rift DK2头戴式显示器，以及两个用来定位的手靶，并对即将到来的攻击做出反应，就像他们在真实比赛中得分一样。运动员的手通过手靶进行可视化，而运动员身体的其他部位则不进行可视化（见图9-1）。通过 Vicon 跟踪器计算头盔显示器和手的位置数据来呈现运动员虚拟化身的运动可视化。位置信息被映射到预定义的对象上，例如，虚拟环境中的手和用户的观察方向。渲染软件根据帧率更新这些对象的位置和旋转。

训练程序包括4组6~8次攻击的训练课程。每组间隔2 min，每组中每次攻击间隔3 s。训练程序的设计遵循由易到难的科学训练原则。每一次训练的复杂程度都在增加，攻击的类型、攻击的数量和同一攻击多次执行（最多5次）。每组攻击的数量随着训练的进行而增加，从每组6次攻击增加到8次攻击。空手道运动员的攻击和反应是用两台同步摄像机（Contemplas，Kempten，Germany，100 Hz）记录的。运动分析包括22次单一攻击：用右臂进行5次反冲拳上段（GZj），然后用左臂进行5次前手冲拳（KZ）（每次攻击都是不同的攻击者）。此后，随机进行12次攻击：用右臂进行3次反冲拳中段（GZc），用右臂进行3次反冲拳上段（GZj），用左臂进行3次前手冲拳（KZ），用右后脚进行3次旋转踢中段（MG）（每次攻击来自同一攻击者）。

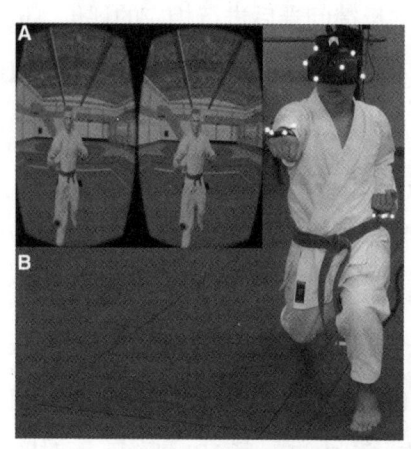

图9-1 空手道运动员进行虚拟现实训练

9.2.2 数据分析

研究人员使用视频分析软件 Kinovea 对1 320个视频进行了响应时间、响应质量和响应类型的分析。反应时间是指从出拳的手臂或踢腿开始向前运动到第一个可测量的有目的的运动的时间。反应质量是用评分系统来评估的。当运动员不能阻挡即将到来的攻击时，得0分；如果运动员能够成功地躲避或阻挡即将到来的攻击，得1分；如果运动员在虚拟人物攻击的同时或攻击之前进行了直接和成功的攻击，得2分。攻击的反应归类为直接攻击或规避移动/阻挡技术，这些技术有时会伴随着反击。所有反应质量和反应时间数据的卡帕系数 $k > 0.91$。因此，这两个参数的组间和组内可靠性都很好。

为了研究 S1和 S4测试中，A、B 两组在 PRE1、POST1、PRE2和 POST2四

个时间内，运动非特异性参数反应时间与运动反应时间的差异，采用 Friedman 检验，随后进行 Dunn-Bonferroni 事后检验和效应大小检测。S1和S4是维也纳测试的非特异性反应测试，S1表示对一个视觉刺激的简单反应测试，S4表示视觉刺激与视觉、听觉干扰的识别反应测试。这里采用皮尔逊比率 r 来表示效应的大小，$r<0.3$ 为小，$0.3 \leqslant r<0.5$ 为中，$r \geqslant 0.5$ 为大。

为了研究S1和S4（维也纳测试系统）的在特定参数与非特定参数下的运动分析、反应时间和反应质量之间的差异，在A组和B组的PRE1、POST1、PRE2和POST2四个时间内，采用 Friedman 检验，随后进行 Dunn-Bonferroni 事后检验和检测效应大小（皮尔逊比率，分为 $r<0.3$，小；$r=0.3 \sim 0.5$，中度；$r>0.5$ 大效应大小。）。

9.2.2.1　S1和S4的运动非特异性反应

结果显示，在A组和B组内的PRE1、POST 1、PRE 2和POST 2之间，S1和S4的反应时间和运动反应时间没有明显的差异（所有 $p>0.05$）。此外，单因素分析显示，A组和B组在四个时间点上没有明显的差异（$p>0.05$）。在POST1、PRE2和POST2与PRE1相比的平均值的关系为100%。空手道组和非空手道运动员组在PRE1的单因素方差分析显示，S1的反应时间和运动反应时间以及S4的反应时间没有明显的差异。然而，S4的运动反应时间有显著的差异，影响大小适中（$p=0.010$，$r=0.45$）。

9.2.2.2　基于运动分析的特定运动反应行为

（1）干预组的反应时间组内比较。A组（第一阶段的干预组）在PRE1、POST1、PRE2和POST2四个时间段内，所有攻击（$p=0.000$）、GZj（$p=0.000$）和MG（$p=0.001$）的反应时间存在显著差异，所有攻击的效应量中等，而GZj和MG的效应量较大。在B组（第二阶段的干预组），Friedman 检验的结果显示，在PRE1、POST1、PRE2和POST2这四个时间段内，所有的攻击、GZj、GZc、KZ和MG的反应时间差异显著（$p=0.000$）。

（2）干预组的反应质量组内比较。在A组（第一阶段的干预组），所有攻击的反应质量差异显著，效果大小适中，GZj 和 MG 在 PRE1、POST1、PRE2和POST2这四个时间段差异显著（所有 $p<0.001$），效应大小较大。在 B 组（第二阶段的干预组），Friedman 检验显示，在 PRE1、POST1、PRE2和POST2之间，所有的攻击、GZj、GZc、KZ 和 MG 的反应质量差异显著（所有 $p<0.001$）。

（3）控制组的反应时间和反应质量组内比较。B 组（第1阶段的对照组）的 Friedman 检验结果也显示，第1阶段的反应时间有明显的改善，一般情况下效应大小适中。然而，在反应质量方面，只发现 GZj 差异明显，效应大小适中（$p=0.003$，$r=0.38$），但在第一阶段的其他攻击中没有明显差异。此外，在第二阶段，A 组（第二阶段的对照组）在反应时间和反应质量方面没有发现明显的差异（所有的 $p>0.05$）。

（4）用于小组比较的方差分析法。A 组和 B 组之间反应时间差异的单因素方差分析显示，所有的攻击在 POST1（$r=0.24$）、PRE2（$r=0.14$）和 POST2（$r=0.24$）都有显著差异（所有 $p<0.01$）。此外，在 POST1（$r=0.36$），PRE2（$r=0.26$）和 POST2（$r=0.31$）的 GZj，POST2 的 GZc（$r=0.34$），POST1的 KZ（$r=0.24$），以及 POST2（$r=0.4$）都发现明显的组别差异（所有 $p<0.01$）。对于 PRE1 没有发现明显的组别差异，表明两组表现水平相同。

A 组和 B 组之间反应质量差异的单因素方差分析显示，POST1（$r=0.24$）、PRE2（$r=0.25$）和 POST2（$r=0.24$）的所有攻击有显著差异（所有 $p<0.000$）。对于 GZj，在 POST1（$r=0.32$）、PRE2（$r=0.33$）以及 POST2（$r=0.33$）三个时间内，也存在显著差异。对于 GZc，我们发现 PRE2 有显著的组别差异（$p=0.010,r=0.39$）。此外，对于 KZ，我们发现 POST1（$r=0.22$），PRE2（$r=0.2$）和 POST2（$r=0.3$）有显著的群体差异（所有 $p<0.01$）。对于 MG，PRE2有明显的组别差异（$p=0.023$，$r=0.33$）。对于 PRE1，A 组和 B 组之间没有发现明显的差异，表明两组有相同的性能水平。

9.2.3 结 论

A组（第一阶段的干预组，第二阶段的对照组）的运动分析显示，在第一阶段，所有攻击的反应时间（$r=0.59$）和反应质量（$r=0.37$）都有明显改善，且效果较大或适中，但在第二阶段没有改善（$p>0.05$）。作为第一阶段对照组的B组，所有攻击的反应时间（$r=0.36$）也得到了改善，但反应质量（$p>0.05$）没有改善，且与A组相比，效果较小。在第二阶段，B组对于所有的攻击的反应时间（$r=0.64$）和反应质量（$p=0.63$）方面都有明显的改善，并且效果显著，而A组（第二阶段的对照组）的结果则没有明显的差异（$p>0.05$）。因此，VR训练干预能比传统训练项目更有效地改善反应行为。

此外，在两个干预阶段中还检测到了反应种类的变化。在PRE1和PRE2阶段，各训练组在反击前表现为阻挡或回避动作，而在POST1和POST2阶段，大多数运动员改为直接攻击。这种反应执行的变化是由于VR干预起作用了，因为直接攻击比耗时的阻挡技术要快。更进一步的研究结果表明，A组可以在更长的时间内（几个月）保持他们的运动水平。在所有分析的运动中，维也纳测试系统的非特定参数，以及在所有被分析的运动项目中，维也纳测试系统的非特定参数和特定参数分析显示，POST1的值都达到了PRE2和POST2的同一水平。因此，虚拟现实训练干预与传统训练相结合，是改善年轻运动员反应行为的有效途径。

9.3 虚拟现实技术提升运动员的意象技能和运动表现

意象是运动心理学中最热门的研究领域。就体育锻炼而言，它具有节省时间和精力、独立于训练环境、无致残风险等优点，一直受到研究人员和运动员的关注。意象是利用我们所有的感官在头脑中创造或重新创造我们的体验的状态。更广泛地说，意象可以被定义为人类从记忆中获取先前编码的感知信息的能力，以创建对物体、人或场所的复杂而精密的心理体验。为了获得有效的意象，人们必须使用所有的感觉器官来体验大脑中的情况。足够生动、鲜明和清晰想象的情况会在我们的大脑中产生非常逼真的刺激。因此，大脑无法分辨这项工作是真实的还是梦境，它给我们的生理反应就好像我们在大脑中的感觉实际上发生在现实生活中一样。因此，当物理运动和意象结合在一起时，人们获得技能所需要的时间缩短了。

在大脑中创造真实的意象是决定意象训练质量的重要标准之一。尽管相关的研究和技术取得了长足的发展，但许多运动员仍然认为心理训练无聊且浪费时间，导致运动员和教练对运动心理学产生偏见。因此，需要进行创新，以吸引运动员的注意力，来缩短达到有效的意象水平所需要的时间。虚拟现实技术是当今技术发展中最流行的产品。虚拟现实可以欺骗人脑的预测编码机制，并在虚拟身体和空间中创造真实的存在感。虚拟现实在潜在机制方面具有类似于意象的特征。意象和虚拟现实背后的基本逻辑是感觉到一个不真实的事件、时间或环境，就好像它实际上正在发生一样。虚拟现实技术与意象处理中的其他应用的最大区别在于，它给参与者带来了真实体验的感觉。由于虚拟现实的这些特点，使得它能够克服意象应用中固有的一些缺点。因此，土耳其的研究人员利用基于 VR 的意象训练来提升运动员的射击表现和意象能力。

9.3.1 实验方案

与涉及复杂运动技能和认知过程的运动相比，意象在涉及简单认知过程和需要集中注意力的运动中更为有益。在这种情况下，Ryan 等[1]设计了实验，实验选择了冰壶、保龄球和射箭三项运动，它们具有高集中度和简单运动技能的特点，是目标运动的分支。

该实验按照如下标准选择分支项目的运动员：没有专业的心理训练支持；没有慢性或急性残疾问题；精英运动员。按照上述标准选择了来自保龄球、射箭和冰壶三个项目的39名运动员。训练期间，来自冰壶（14人）、保龄球（13人）和射箭（7人）项目的34名运动员一起完成了训练（年龄=21.7±4.33 y，每周

---

[1] RYAN E D, SIMONS J. Cognitive demand, imagery, and frequency of mental rehearsal as factors influencing acquisition of motor skills[J]. Journal of Sport and Exercise Psychology, 1981, 3(1): 35-45.

训练时间＝7.38±3.59 h）。参与者被分为随机、对照（冰壶4，保龄球4，射箭3）、VMBR+VM（冰壶4，保龄球5，射箭2）和VRBI（冰壶6，保龄球4，射箭2）组。

实验所需的性能场景由各个运动分支项目专家和拥有教练证书的人员准备。为每个分支运动准备了不同的性能场景。然后从每个分支运动中选出最优秀的运动员，参与拍摄视频。在选择运动员时，将国家比赛的次数、经验和教练的意见作为确定标准。用高分辨率360度视频功能的 GoPro Fusion 360° 摄像头进行性能视频拍摄。摄像机通过一个装置连接到运动员的头部，以方便运动员从自己的角度观看视频，并从该视角进行想象。视频录制从更衣室一直持续到运动员上场表演结束。VMBR+VM 组以计算机格式的2D视频格式制作录制的视频，VRBI 组以集成到 VR 眼镜中的3D视频格式制作录制的视频。GoPro Fusion Studio、Adobe Photoshop、Premiere 和 After Effect 程序用于视频格式化。最后在两位运动心理学专家助理教授的支持下，为运动员准备了渐进式肌肉放松场景。

最后，研究人员借助改进的运动意象问卷（MIQ-R）收集实验定量数据，通过对 VMBR+VM 和 VRBI 组进行半结构化访谈形式的面对面访谈，收集实验定性数据。

9.3.2 训练过程

所有参与者填写 MIQ-R，以确定运动员的意象技能水平。随后，每名运动员进行10次热身射击和5次正式射击，以确定运动员的测试前得分。上述射击须在1周内重复进行3次，但不在同一天重复进行。预测试分数由15次正式射击的平均值确定。然后将所有参与者随机分为 VMBR+VM 组、VRBI 组和对照组。

VMBR+VM 组在2D视频引导下进行渐进性肌肉放松训练。在放松练习结束时，通过在笔记本电脑上观看之前准备的射击成功的2D视频来完成 VM 练习（图9-2）。然后，运动员想象他在意象脚本的框架内作出了同样的射击表现。在意象结束时，他进行了与 VM 中相同的表演，在真实训练区域进行了10次热身射击和5次实际射击。每日成绩记录在运动员的个人档案中，取5次实际射击的平均值。

基于虚拟现实的图像组在3D视频引导下进行渐进式肌肉放松训练。然后，通过使用虚拟现实眼镜在3D环境中观看先前准备的成功拍摄视频来完成3D-VM训练（图9-2）。图像训练完成后，要求运动员进行与VRBI训练场景中类似的成功射击。在10次射击练习后，进行了5次实弹练习。VMBR+VM和VRBI组运动员的所有射击均由专家评分。在对照组中，在观看有关该分支运动的有趣视频后，进行10次热身和5次主要拍摄，以记录他们的日常表现。对每个分支进行图像训练，包括热身训练，每天约2 h，每周3 d，共4周。取获得的每日表现分数的周平均值。研究开始时应用的MIQ-R在4周结束时重新应用于运动员，并纵向观察运动员的变化。对研究后获得的定量数据进行分析。在研究人员编制的访谈表框架内，对运动员进行一对一的访谈。获得的数据记录在语音记录器上。

图9-2　运动员观看VR视频

9.3.3　实验结果

训练结果表明，在第一周结束时的测量结果中，VMBR+VM组和VRBI组的运动员的射击成绩出现了严重的下降，出现这种下降的原因是VRBI训练项目最初给运动员带来了负面情绪，如压力、偏见和注意力问题。随着过程的进展，这些负面情绪被自信和适应等正面情绪所取代，运动成绩从下降转变为上升。对照组的运动员在射击成绩上没有观察到明显的差异，表明 VRBI 训练比 VMBR+VM 在射击表现和适应方面更有效。在意象能力的提升方面，从图 9-3 和 9-4 中可以看到，在测试前/测试后的结果中，VMBR+VM 组和 VRBI 组的意象技能得分都有增加，而对照组则没有明显增加。

9.3.4 结 论

训练结果表明，与当前最流行的意象训练项目 VMBR+VM 相比，研究人员开发的新意象模型 VRBI 训练项目在提高运动员射击表现方面取得了更加积极的效果。虚拟现实为将 PETTLEP 成分纳入意象训练提供了可能。在意象训练中加入身体、环境、任务、时间、学习、情感和视角等成分，提高了意象训

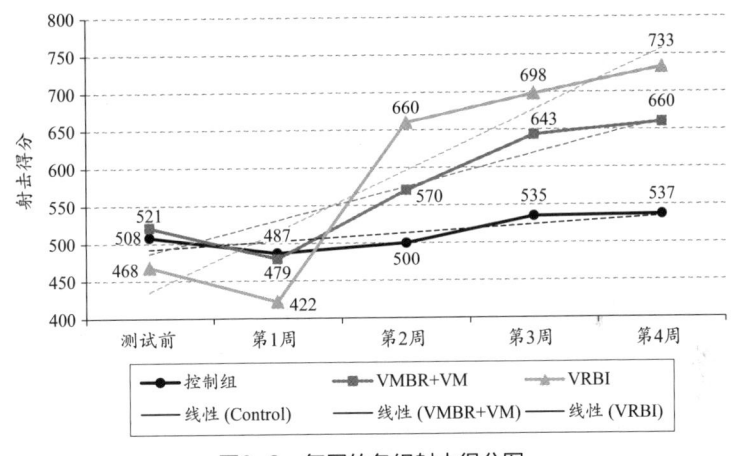

图9-3 每周的各组射击得分图

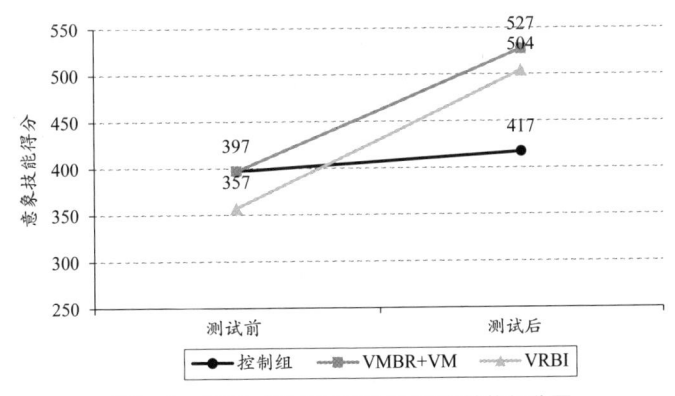

图9-4 各组的测试前和测试后意象技能得分图

练的效果。为此,研究人员设计了一个新的3D模型,将所有感觉器官都包括在图像处理过程中,让运动员感觉比赛就好像在现实生活中发生一样。

VRBI训练模型与其他意象训练最重要的区别在于,整个意象过程是在3D环境中完成的。训练的结果也显示,在3D环境中进行视频示范有非常大的作用。运动员在虚拟环境中进行示范训练时,感觉自己就像一个成功的射击者,从而增强了自信心,并且感觉自己仿佛是在实际中重复做着训练动作。在虚拟现实环境中观看视频时,可以更容易、更有效地模拟视频中的运动。利用3D虚拟现实环境可以促进镜像神经元的激活,并使该组运动员在射击时表现更出色。

在3D环境中训练不仅可以让运动员脱离外部世界,避免对意象处理产生负面影响,还可以使他们更容易将整个感知赋予意象过程。训练结果表明,与对照组和VMBR+VM组相比,VR训练使得运动员在运动表现和意象技能方面获得了更优秀的表现。总之,VR训练能够借助与真实场景相当的虚拟场景,使运动员呈现出与在竞争环境中的身体和心理反应,有效地帮助运动员提升运动技能和意象能力。

9.4 虚拟现实技术在滑雪运动中的应用

挪威科技大学开发了一套滑雪跳台训练的智能VR应用原型,用于不同用户群的跳台滑雪训练。[①] 它以挪威特隆赫姆(Trondheim)的格兰诺森(Granåsen)滑雪跳台为蓝本,这里曾是包括2021年世界滑雪锦标赛在内的多项国际滑雪比赛的举办地。该应用适用于具有不同需求和能力的用户,包括游客、孩子和职业运动员。这个模拟器有多方面的应用:向公众传授跳台滑雪的基础知识,招募有抱负的年轻跳台滑雪者,将特隆赫姆和格兰诺森推广为旅游目的地,以及帮助跳台滑雪者进行训练。该模拟器为用户提供了一个响应迅速的环境,能够即时反馈他们的表现,并支持身临其境且无风险的跳台滑雪体验。

---

① STAURSET E M, PRASOLOVA-FØRLAND E. Creating a smart virtual reality simulator for sports training and education[M]//Smart Education and e-Learning 2016. Springer, Cham, 2016.

9.4.1 模拟器的实现

模拟器的原型是在两次迭代中实现的，包括了山体模型和物理模型。3D 空间中的模型由顶点、边和面组成。第一次迭代中，使用官方的 Granåsenhill 证书建模作为参考。虚拟跳台的山体是通过对基本立方体和曲线的操作来创建的。根据运动员和专家的评估，该模型与实际山体相比存在一些缺陷。普通用户几乎感知不到这些缺陷的存在，但是专业的运动员则对它们非常敏感。如果需要该设备对专业跳台滑雪运动员有价值，必须改进该模型。因此，在第二次迭代中，他们使用了激光雷达系统来创建山丘的准确模型。激光雷达是一种遥感技术，它通过用激光照射目标并分析反射光来准确测量到目标的距离。开发人员将激光雷达系统安装在一架无人机上，该无人机飞越格兰诺森周围的大片区域。然后使用泊松曲面重建算法重建了山体的表面。为了提高模型的质量，将泊松重建的山体表面作为参考，在 Blender 软件中进行重建。通过两次迭代后，他们在 Unity 中创建应用程序，且最终使用 Wiimote 作为加速度计，这样可以读取控制器的方向。Wiimote 使用腰带固定在玩家的躯干上。加速度计不是很准确，但主要目的是鼓励玩家模仿跳台滑雪者的动作以提高沉浸感。除了跳跃前、跳跃中和跳跃后的视觉反馈，还以计算跳跃距离的形式向玩家提供对他的表现（跳跃时机、攻角和着陆）的评估。此外，玩家可以通过访问模拟器中的 Jump Evaluation 场景来查看每次跳跃的情况。模拟器的显示界面如图9-5所示。

图9-5 为 Oculus Rift 开发的滑雪跳跃模拟器

9.4.2 应用情况

该原型已经在两个主要用户群体中进行了评估：专业跳台滑雪运动员和没有或只有非常有限的跳台滑雪经验的普通公众。评估是基于 Oculus Rift Development Kit 1 进行的，并使用了平衡板用于跳跃，以及 Wiimote 用于身体角度测量。挪威国家跳台滑雪队的运动员对设备评价较高，其中一位教练指出，滑雪者在跑步中调整身体，就像在真正的跳跃中一样。一位运动员表示，测试过程中起跳的感觉非常好，让他找到了与真实世界中类似的感觉。当被问及原型是否可用于训练时，滑雪者表示，如果助滑过程能够延长一点，并且跳跃按钮有0.33 s 的延迟，则原型可以用作训练起跳的工具。运动员们还表示，模拟器可以用作可视化工具，让你感受在模拟的山体中跳跃的感觉。至于飞行阶段，由于该技术过于简化，因此对于训练而言并没有太大的价值。然而，它模拟出来的飞行的感觉与现实中的感觉非常相似，这可以给业余爱好者一种真实的体验，让他们不受时间、地点和天气的限制来体验跳台滑雪。最后，运动员们认为，该应用程序将有助于激发非专业人士对跳台滑雪的兴趣。大多数人都认为这套 VR 应用原型可以用作跳台滑雪者的辅助训练工具，并有向游客宣传特隆赫姆的作用。

总体而言，该模拟器可以适应不同的用户群并使用不同的界面配置进行培训。通过使用一组简单的传感器（Playstation、Wiimote 和 OculusRift 中的内置头部跟踪），该应用为用户提供了一个具有持续反馈和性能测量的响应环境。通过一些小的改进，专业的跳台滑雪运动员可以使用该应用来练习掌握跳跃的最佳时机。此外，模拟器提供了与真正跳台滑雪非常相似的体验，使非专业人士能够学习一些跳台滑雪的基本技术。

9.5 虚拟现实技术提升美式橄榄球训练效果

9.5.1 美式橄榄球与虚拟现实训练

美式橄榄球作为美国最受欢迎的运动，大多数教练训练运动员的方式仍然非常原始。运动员在使用战术手册、白板和叠加的比赛画面时所面临的挑战之一是，通过鸟瞰视图观看太抽象了。如果没有数千小时的现场练习，运动员有时很难在正常的课堂环境中想象这些比赛时刻，对于现场训练有限的年轻球员来说尤其如此。通过在训练过程中引入虚拟现实，这个问题可以轻松解决。

过去，人们曾多次尝试将虚拟现实引入美式橄榄球训练。2001年，密歇根大学率先开发了一个虚拟橄榄球训练系统，并得到了传奇教练劳埃德·卡尔（Lloyd Carr）的支持。该系统在配备SGI硬件的4壁CAVE平台上运行，这在当时是非常昂贵的，即使是顶级橄榄球队也负担不起。还开发了一个网络嵌入式查看器，但它无法为受训运动员提供身临其境的感觉，在发现无法将其商业化后，该项目便终止了。此后，有公司发布了一款四分卫模拟器。球员将一个真正的橄榄球投掷到显示虚拟比赛场景的背投屏幕上，在包括传球位置、投掷距离和速度在内的基准上获得评分。这款模拟器也有着明显的局限性，它将现实（投掷实体橄榄球）与虚拟现实比赛场景在2D屏幕上进行混合，但没有准确地呈现投球的动作，使得用户过于专注于投掷实体橄榄球，而从训练场景的心理准备中分心。

2013年，美国EON Sports VR公司开发了一套具有自主专利技术的VR美式橄榄球运动训练软件SIDEKIQ。它专为运动员的专业训练而设计。橄榄球教练可以在3 min内快速创建一个比赛，然后使用普通的电脑屏幕或包括头戴式显示器（HMD）和类似CAVE的设施的沉浸式显示器，在SIDEKIQ软件中训练运动员。受训者在身临其境的虚拟环境中体验比赛，跟随赛场上的特定球员，甚至直接在球员的头盔内，自由地将摄像机视图从鸟瞰模式切换到第三人称模式。

9.5.2 系统介绍

美式橄榄球VR训练工具SIDEKIQ通过以下方面提供逼真的训练体验：高保真动作、带有头部跟踪的沉浸式渲染以及精心创建的比赛。借助用户界面和预加载的比赛模板，教练可以将SIDEKIQ作为创作工具，轻松快速地创建训练比赛。

9.5.2.1 球员动作

SIDEKIQ 的开发人员付出了很多努力来为虚拟橄榄球运动员获得高保真动作。他们从一个覆盖范围广并经过后处理的橄榄球动作捕捉数据库中，分割出共50个动作剪辑，包括8个站姿、12个传球、6个跑动和7个盖帽。某些剪辑（如奔跑和阻挡）经过处理以实现无缝循环播放。在典型的比赛中，参赛球员从一个站立姿态开始，然后在球弹起时切换到其中一种动作。22名球员的蒙皮是在硬件上计算的，这使得应用程序能够在中等甚至是入门级配置的计算机上运行。

9.5.2.2 沉浸式渲染

SIDEKIQ 是使用专有技术的3D 引擎开发的，具有多层着色器材质、实时照明、阴影和 SSAO 功能，同时保持交互式 VR 应用程序所需的效率。对各种 3D 立体显示器和投影仪的原生支持使得切换到立体渲染变得简单。SIDEKIQ 是 Oculus Rift 开发工具包（DK-1）的早期采用者之一，该工具包为高中和大学橄榄球队带来了低成本的头部跟踪从而支持了沉浸式渲染。图9-6展示了在4壁 CAVE 平台 EON Cube 上运行的 SIDEKIQ。

图9-6 SIDEKIQ 在4壁 CAVE 平台 EON Cube 上运行，用于身临其境的培训课程

9.5.2.3 UI 和比赛创建

SIDEKIQ 用户界面（UI）设计风格简洁。作为创建比赛的工具，SIDEKIQ

·第9章 虚拟现实在体育训练中的应用·

主要由对计算机技术不太熟悉的橄榄球教练使用。简约的UI元素是用户友好的关键：播放列表、球员信息、球员路线和球路线。图9-7中的顶图展示了SIDEKIQ的UI设计。当渲染窗口切换到全屏模式以进行沉浸式渲染时，所有UI元素都可以轻松隐藏。通过预加载的比赛模板，教练可以立即选择常见的阵型作为起始点，并在自上而下的视图中拖动球员以创建新的比赛或修改现有的比赛。熟悉界面和快捷键后，不到3 min就可以创建一个基本的比赛。相较于使用键盘和鼠标在训练期间回放比赛，Xbox无线手柄等这类无线控制器有着巨大的优势，因为教练可以拿着控制器站在学员身后，观察他的一举一动。录制功能可以帮助教练用画外音录制计算机模拟，轻松成为重复一对一训练的训练材料。

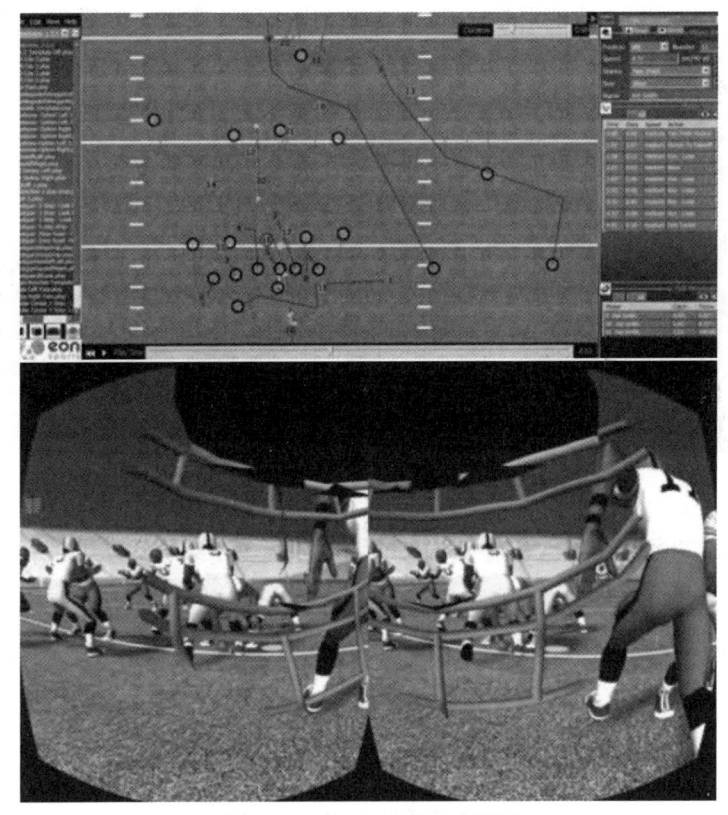

图9-7 SIDEKIQ的用户界面

（顶图：界面设计简约的UI元素，让不懂电脑的橄榄球教练更容易创建比赛；底图：Oculus启用的头盔视图模式，可以准确模拟运动员在球场上看到的内容。）

9.5.3 用户评测

为了量化针对美式橄榄球的 VR 训练的有效性，开发人员招募了17名橄榄球运动员进行用户评估。他们都担任四分卫的位置，从七年级到大学三年级不等。目标是关注每个受试者进行预读的能力，并正确识别最佳接球手，简而言之，这描述了四分卫在传球时的表现。

评估是通过专业橄榄球教练设计的10场测试比赛来进行的。每个受试者都佩戴启用了 SIDEKIQ 头盔视图的 Oculus DK-1头戴式显示器，因此看到的东西与四分卫在球场上看到的东西一致。评估要求每个受试者以随机顺序观看所有测试比赛。教练坐在受试者旁边，并使用 Xbox 手柄控制游戏回放，同时观看 HMD 的克隆视图。这使得教练在受试者做出传球决定时，观察他正看向哪里（图9-8）。

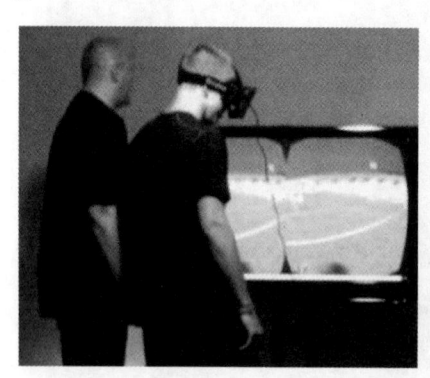

图9-8 两名学员正在使用 Oculus DK1进行评估

教练以22名球员（或与评估相关的球员的一个子集）的队形开始比赛，并继续播放，直到传球的最佳时刻到来的几秒钟后。受试者必须在提出问题后的3 s 内立即确定最佳接球手，如果回答正确则得1分。未能识别正确的接球手，或未能在3 s 内回答问题，均不得分。3 s 的限制是因为延迟传球时间过长会让防守者有时间阻挡空间和传球角度，并错过传球窗口。每个试验的设计要求受试者必须从4个选项的列表中选择最佳答案（或多个答案）。10个试题中有6个是单选题，其余4个试题各有两个正确答案，如果受试者从两个正确选项中选择一个，则认为答案正确。

·第9章 虚拟现实在体育训练中的应用·

受试者被邀请参加为期3天的培训课程的评估。每天,受试者以随机顺序进行同一组试验,每次试验后教练都会进行简短的讲座。讲座旨在帮助每个受试者理解答案,例如,解释为什么将球传给接球手A而不是接球手B,同时将比赛过程倒回到传球的那一刻。评估发现,参加评估的球员有着非常正面的学习体验,并且能够获得良好的评估保留率(第2天为88%,第3天为76%)。试验结束后,受试者都给出了反馈,认为虚拟现实橄榄球训练超级酷、非常逼真、非常有趣。

用户评估显示,与第1天相比,大多数受试者在第3天结束时更能或更正确地回答了评估问题,所有受试者的得分平均提高了30%,某些受试者的决策能力提高了60%。图9-9描述了每个受试者的分数每天的变化情况。图9-10是根据汇总的评估分数所绘制的箱线图,图中的线段展示了每天分数的标准差。

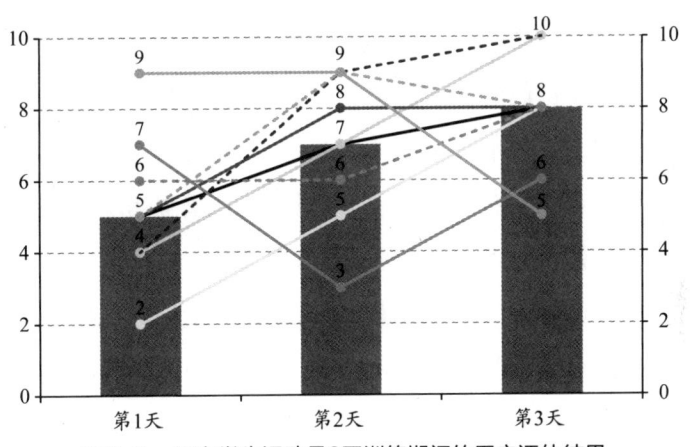

图9-9 17名学生运动员3天训练期间的用户评估结果

(线条表示每个受试者每天的分数如何变化,柱状条为每天的平均分数。)

值得注意的是,从第1天到第2天,得分的标准差(SD)和箱线图的四分位距(IQR)均上升,但在第3天降至最低。考虑到样本量相对较小,在这种情况下,IQR可能是比SD更有效的指标,用于衡量受试者分数围绕平均分数分布的紧密程度。第2天测量的峰值是从传统橄榄球训练过渡到3天虚拟现实训练评估的结果,受试者可能只是需要时间来完全适应沉浸式VR训练体验。

图9-10　VR训练评估得分图

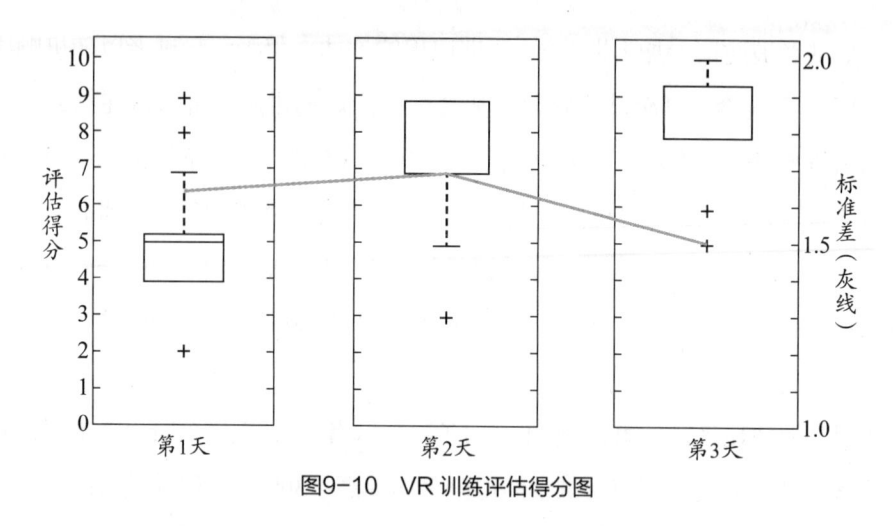

9.5.4　总　结

SIDEKIQ不同于以往的橄榄球训练，它使用了VR真实模拟环境，以游戏的方式引导学生主动探究，让橄榄球训练不受限于场地天气等影响。同时时间上更加自由，学员们可以自主练习，增加练习次数，教练可以以鸟瞰的视角全局地观看比赛，对战术的制定具有独到的优势。训练过程中，可以使用大数据分析球员优缺点，从而对其进行针对性指导，增强运动训练效率，降低运动训练成本。其操作符合大众操作习惯，界面简洁，操作人性化，让教练和学员在使用过程中更加便利。评估训练的结果显示，受试球员和得分平均提高了30%。但接线和空间的要求是其应用和推广的最大阻力，球员在移动的时候不能随心所欲，还要时刻顾及各种连接线，这与赛场的体验仍存在一定的差距。

第10章 后　　记

健身活动、竞技运动和数字体育交相辉映，引领着体育运动的发展与创新；特别是在竞技运动训练方面，逐步形成了一个由大数据、人工智能、虚拟现实等新技术驱动发展新趋势。虚拟现实技术具有多感知性、沉浸感、交互性和想象性的特点，运用虚拟现实构建和展示可交互的、由计算机或现实摄影生成的、与体育运动情景相关的虚拟环境，以此来评估、训练、提高运动员在特定项目或技术动作上的表现。虚拟现实技术与运动训练的结合，已迅速成为高水平运动训练领域里提升运动员竞赛成绩的研究热点问题。

在我国大力开展全民健身运动和健康中国建设的背景下，本书开展了虚拟现实情景下的运动仿真训练效能及提升对策研究。本书在第一章中详细阐述了研究的背景和意义、国内外研究现状、研究内容、研究思路和方法；在第二章中对研究的理论基础进行了梳理和介绍；在第三章到第七章中，对本书重点研究内容进行了系统性的阐述，包括：虚拟品牌社区中健身形式对用户忠诚度的影响、网络健身沉浸体验对唤醒人们运动的情绪和行为的影响、健身直播线下转换成本与线上用户忠诚的关系研究、网络健身管理中的问题研究和运动健身项目虚实融合训练效果影响因素及评价方法；在第八章中，对现有理论研究成果进行总结，并提出了一个体育运动中的虚拟现实系统概念模型；在第九章中，介绍了虚拟现实技术在篮球、空手道和滑雪等多项运动中的应用和研究案例。

本书的成果具有较大的理论和实践意义。有助于完善在 VR 技术条件下的体育运动训练理论，丰富体育教学效果评估理论。帮助训练团队提高 VR 场景训练资源的利用效率，促使教练员团队及时适应运动员的训练需求，有序地推进规范化管理。

受研究条件、时间和范围等因素的限制，本书的研究还存在以下一些局限性，在未来的工作中有待进一步完善。

（1）数据收集方面：有关于虚实融合的运动健身项目的影响因素的问卷调查的抽样地域比较单一、没有进行广泛取样，使得获取样本的代表性受到一定的限制；未来的研究可以拓宽研究区域，增加样本数量的同时提升样本的质量；问卷数据属于横截面数据，未来可采用实验法等方法收集时间序列数据，对研究结果进一步验证。在实际生活当中，虚实融合的健身项目的普及还没有如此完善，未来可以对年龄进行细分，探究不同年龄段的用户对于虚实融合健身的态度，让研究调查更加深入。

（2）研究对象方面：研究仅选取网络健身这一类健身形式设计实验材料，这可能会导致实验结果缺乏科学性和普适性。因此，未来的研究可以扩展到其他不同的健身新形式，或者适当丰富研究对象的类型，以增强研究结论的普适性。本研究仅关注愉悦度和唤醒度对健身行为习惯和态度的影响，停留在个体心理感知层面，事实上，个体认知上的很多因素也对习惯和态度产生影响，因此未来有必要进一步设计实验，丰富影响因素的类型。

（3）影响因素方面：由于时间和研究范围的限制，本研究在选择影响因素方面也存在一定的局限性，需要在未来研究中进行进一步的探索。如第3章中构建的概念模型侧重于社区特征与健身用户忠诚度之间的关系，由于用户忠诚度不仅仅受到本研究中所列的因素影响，还受到其他相关因素的影响，这些因素将留待进一步研究。第5章中影响健身直播平台用户忠诚的因素很多，受制于时间和精力，本书仅针对健身用户线上线下在后疫情时期会发生转换的视角，研究转换成本对健身直播平台用户忠诚的影响，尚有诸多可能影响健身直播用户忠诚的因素有待考虑。